Charlotte von Feyerabend

Rassel-Kürbis & Strohhalm-Flöte

Kreative Kiga-Instrumente zum Basteln und Musikmachen

Illustrationen: Irene Brischnik

Ökotopia Verlag, Münster

Impressum

Autorin	Charlotte von Feyerabend
Lektorin	Uta Koßmagk
Illustratorin	Irene Brischnik
Notensatz	Ja.Ro. Music, Taunusstein
Covergestaltung	PERCEPTO mediengestaltung
Gestaltung	Hain-Team (www.hain-team.de)
ISBN	978-3-86702-297-2

1. Auflage

Bleiben Sie in Kontakt

www.oekotopia-verlag.de

Dankeschön!

Dieses Buch ist mithilfe lieber Menschen entstanden, die mir fachlich geholfen, mich motiviert oder auch einfach nur im Entstehungsprozess ertragen oder mitgebastelt haben. Ein dickes Dankeschön an Katrin Röntgen, Uta Koßmagk, Karine Gilanyan, Irene Brischnik für die tollen Illustrationen, meine Kinder, meinen Mann und an meine Freunde!

Inhalt

Willkommen und hereingetreten!

Musik macht riesengroßen Spaß! Kinder genießen es von klein auf, mit ihren Händen und Stimmen Laute und Töne zu erzeugen. Wie groß ist die Begeisterung, wenn die Hände sich zum Klatschen finden und mit vertrauten Worten Lieder gesungen werden! Kinder sind Geräusche-Schöpfer und erfahren dabei viel über den eigenen Körper.
Frei nach Carl Orff ist das Musizieren zusammen mit dem Tanzen und Singen (Sprache) eine elementare Ausdrucksform. Diese drei Elemente werden von den Kindern noch nicht voneinander getrennt, wie wir Erwachsenen das regulieren. Sie *er-leben* mit allen Sinnen und das verdient, gefördert zu werden!
In diesem Buch liegt der Schwerpunkt auf kindergarten-leichtem Basteln von sogenannten Orff-Instrumenten. Diese Instrumente, wie z. B. Rasseln, Trommeln und Glockenspiele, können spielend leicht an die Gefühlswelt der Kinder anknüpfen und ermöglichen ihnen so einen ersten spielerischen Einstieg in die Welt von Rhythmen und Klängen.
Noch spannender ist es natürlich, diese Instrumente selbst zu bauen! Dabei werden die handwerklichen, kreativen und auch ästhetischen Fähigkeiten der Kinder herausgefordert – jedes Instrument bekommt schließlich durch Farbe und Form seine ganz persönliche und unverwechselbare Gestalt. Die Kinder erleben, wie sie direkt etwas Eigenes erschaffen und Einfluss auf die Außenwelt ausüben. Das bringt Freude und Selbstbewusstsein! Außerdem erfahren sie, was alles aus Gebrauchsgegenständen gezaubert werden kann – so macht das Musizieren gleich doppelt so viel Spaß und die Kinder gehen mit einer erweiterten Wahrnehmung durch den Alltag.
Die Bauanleitungen für die ca. 50 verschiedenen Instrumente – ob nun Rasselkürbis, Strohhalm-Flöte, Nagelklavier, Büchsen-Trommel, Elefantenzupfer oder Gummizither – sind in Kapiteln thematisch sortiert und jeweils mit Gedichten, Klanggeschichten, Spielen und Liedern verbunden. Diese machen schon beim Lesen Lust auf die bevorstehenden Aktionen und laden zum Musizieren und Tanzen ein.

In diesem Sinne wünsche ich klangvolle, lustige Stunden und Eines ist gewiss:
Laut geht immer!

Charlotte von Feyerabend

Für Igel, Maus und eine Sau

C. v. Feyerabend

Wenn der Himmel ist wunderbar blau,
machen wir gerne Radau,
wenn der Himmel ist farblos mausgrau,
stelzen wir stolz wie ein Pfau
und naschen am Honigtau!
Holt die Rasseln, macht miau,
schwingt die Trommeln mit wauwau,
klatscht und stampft und singt ganz rau,
flattert, hüpft und macht ne Schau,
für Igel, Maus und eine Sau!

Erster Streifzug durch die Musik

Musik fließt aus allen Ecken zusammen und umgibt uns wie eine warme Decke. Eine Sinfonie aus Hände klatschen, Füße stampfen, Nase schnäuzen, dem morgendlichen Klappern in der Küche, piependen Vögeln, dem Rascheln von Blättern – manchmal muss man nur seine Ohren spitzen, um Musik in Situationen zu entdecken, die man vorher so noch nie wahrgenommen hat!

In diesem Kapitel bekommen die Kinder spielerisch ein erstes Gefühl für Musik, Rhythmus, Klänge, erweitern ihre Wahrnehmung der Umwelt, betrachten ihren Körper mit neuen Augen und lassen ihren Gefühlen beim ersten Musizieren freien Lauf. Die Spielleitung kann zum Einstieg in eine Musikrunde entweder eine der folgenden Ideen verwenden oder die Kinder tasten sich langsam an die „Musik" heran und gehen die Übungen der Reihe nach durch.

Musik malen

Musik bewegt – auch die Finger, die hier über das Blatt tanzen und dabei bunte Spuren hinterlassen dürfen!

Alter: ab 3 Jahren
Material: CD-Player und CDs (➔ unten); Fingermalfarben oder Wachsmalstifte in verschiedenen Farben; Papiere, mind. DIN A 3; evtl. pro Kind 1 Tuch zum Tanzen

Vorbereitung

Um den Kindern einen ersten Zugang zur Musik, zum Rhythmus und zu den dabei entstehenden Gefühlen zu vermitteln, sucht sich die Spielleitung zunächst Musik aus, die konzentriert Emotionen transportiert – die klassische Musik, die intensiv eine Geschichte in Tönen erzählt und ohne Gesang auskommt, z.B.:

- Antonio Vivaldi: „Die vier Jahreszeiten"
- Bedrich Smetana: „Die Moldau"
- Modest Mussorgsky: „Bilder einer Ausstellung"
- Camille Saint-Saëns: „Karneval der Tiere"
- Sergej Prokofjew: „Peter und der Wolf"

Spielverlauf

Jedes Kind erhält von der Spielleitung ein Blatt Papier, einen Wachsmalstift oder eine Fingermalfarbe. Sie erklärt den kleinen Malern kurz, dass sie still der Musik zuhören und dabei malen dürfen – und zwar das, was sie dabei fühlen: von kleinen Strichen, über Punkte bis hin zu ausgedehnten Schwüngen, die übers ganze Blatt führen. Je länger die Kinder der Musik lauschen und dabei malen, um so stärker werden sie sich auf die Musik einlassen und gefühlsbetonter malen.
Ist das Musikstück zu Ende, bespricht die Spielleitung mit den Kindern, was sie empfunden haben.

Varianten für Kinder ab 5 Jahren

- Die Kinder dürfen sich einige unterschiedliche Farben aussuchen und können so nicht nur mit der Malweise, sondern auch mit der Farbe ihre Gefühle ausdrücken.
- Die Spielleitung bittet die Kinder, während die Musik läuft, nicht zu sprechen und baut in ein Musikstück 30 Sekunden Stille mit ein, indem sie einfach auf „Pause" drückt und auf die Uhr schaut. Für viele Kinder ist es sicher ungewohnt, ganz bewusst „Stille" zu erleben.
- Bei den klassischen Musikstücken, die ein Thema haben, wie z.B. der Frühling bei Vivaldis „Die vier Jahreszeiten", tanzen die Kinder dazu oder stellen pantomimisch das Erwachen der Pflanzen dar. Beim Stück „Aquarium" von Camille Saint-Saëns: „Karneval der Tiere" tanzen die Kinder mit Tüchern. Immer wenn die Musik „ernst" wird, nähert sich ein Haifisch an und die Kinder als kleine Fische verstecken sich unter den Tüchern. Entspannt sich die Melodie, schwingen die Kinder sie mit beiden Händen wie kleine schwimmende Fische vor sich her.

Rhythmus klatschen

Schon die Kleinsten lieben es und machen gleich mit, wann immer es sich anbietet: Klatschen! Applaus klatschen, abklatschen, in den Matsch klatschen oder sich auch mal „verklatschen"!

Namen klatschen

Alter: ab 3 Jahren

Die Kinder sitzen gemeinsam im Stuhlkreis. Sie klatschen zusammen mit der Spielleitung der Reihe nach jede Silbe ihrer Vornamen.

Beispiele

Mona	2 Silben: *Mo-na:* zweimal klatschen
Theodor	3 Silben: *The-o-dor:* dreimal klatschen
Klaus	1 Silbe: *Klaus:* einmal klatschen

Zu Liedern klatschen

Alter: ab 3 Jahren

Die Spielleitung singt gemeinsam mit den Kindern die Lieder „Alle meine Entchen" und /oder „Es tanzt ein Bi-Ba-Butzemann" und klatscht mithilfe der unten aufgeführten Klatschzeichen mit ihnen zusammen den Rhythmus.

Text: Alle meine Entchen
Klatschen: x x x x X X

Text: |: schwimmen auf dem See :|
Klatschen: x x x x X!

Text: Köpfchen in das Wasser
Klatschen: x x x x X X

Text: Schwänzchen in die Höh.
Klatschen: x x x x X!

Zeichenerklärung:
x – schnell
X – länger
X! – ganz lange halten

Text: Es tanzt ein Bi-Ba-Butzemann
Klatschen: x x x x x x x x
Text: in unserm Kreis herum, dideldum,
Klatschen: x x x x x x x x x

Text: Es tanzt ein Bi-Ba-Butzemann
Klatschen: x x x x x x x x
Text: in unserm Kreis herum
Klatschen: x x x x x x

Text: Er rüttelt sich, er schüttelt sich,
Klatschen: x x x x x x x x
Text: er wirft sein Säckchen hinter sich:
Klatschen: x x x x x x x x

Text: Es tanzt ein Bi-Ba-Butzemann
Klatschen: x x x x x x x x
Text: in unserm Kreis herum.
Klatschen: x x x x x x

Zu Reimen klatschen

Alter: ab 3 Jahren

Die Spielleitung liest die Gedichte, die sich im gesamten Buch verteilt befinden (z.B. „Für Igel, Maus und eine Sau", ➜ S. 5, weitere ➜ Register S. 100), vor und klatscht gemeinsam mit den Kindern die Silben dazu.

Text: Wenn der Himmel
Klatschen: x x x x
Text: ist wunderbar blau,
Klatschen: x x x x x
Text: machen wir gerne Radau,
Klatschen: x x x x x x x

Text: wenn der Himmel ist
Klatschen: x x x x x
Text: farblos mausgrau,
Klatschen: x x x x
Text: stelzen wir stolz wie ein Pfau
Klatschen: x x x x x x x
Text: und naschen am Honigtau!
Klatschen: x x x x x x x
usw.

Nach ein paar Durchgängen verändert die Spielleitung das Klatschen, indem sie abwechselnd in die Hände, auf die Oberschenkel, später auch auf die Schultern, den Kopf und den Boden, über Kreuz oder nur mit einer Hand klatscht (dazu bieten auch die folgenden Klatschreime eine Anregung).

Klatschreime

Wir sagen nonono
Wir sagen sisisi
Wir sagen no
Wir sagen si
Wir sagen empompi kolonie kolonastik
empompi kolonie
akademie
safari
akademie puff puff!

Bei Mül-lers hats ge-brannt, brannt, brannt,
da bin ich hinge-rannt, rannt, rannt,
da kam ein Po-li-zist, zist, zist,
der schrieb mich auf die List', List', List',
da lief ich schnell nach Haus', Haus', Haus'
und die Ge-schicht' war aus, aus, aus.

Meine Mu, meine Mu, meine Mutter schickt mich her, ob der Ku, ob der Ku, ob der Kuchen fertig wär.
Wenn er no, wenn er no, wenn er noch nicht fertig wär, käm ich mo, käm ich mo, käm ich morgen wieder her.

Alle Affen, die jetzt gaffen, sagen mäh mäh mäh. Alle Schweine an der Leine machen Rutschpartie. Alle Ochsen, die jetzt boxen, machen buff bäng tor.

Variante für Kinder ab 5 Jahren

Die Kinder klatschen in Zweier-Teams und sprechen sich ab, wie sie das Lied, das Gedicht oder die Klatschreime umsetzen wollen:

- sich gegenseitig in die Hände klatschen
- über Kreuz in die Hände klatschen
- gegenseitig auf den Rücken trommeln
- mit einem Tanz verbinden: Drehungen einbauen, in die Knie gehen, um dem anderen auf die Füße zu klatschen usw.

Lärmgedicht

C. v. Feyerabend

Zuerst wird laut in beide Hände geklatscht:
klatsch-klatsch-klatsch,
dann mit den Füßen auf den Boden gepatscht
stampf-stampf-stampf.
Nickt stürmisch mit eurem Kopf:
nick-nick-nick,
klopft kräftig auf einen Knopf:
klack-klack-klack,
mit den Händen auf euren Po:
klopf-klopf-klopf,
macht mit der Zunge dann so:
bäh-bäh-bäh,
und alles von vorne,
voller Kraft und Wonne!

Tiere nachahmen

Welche Tiere hüpfen, welche trotten, welche stapfen, welche galoppieren, welche rennen, welche schleichen, welche klettern, welche fliegen, welche kriechen und welche schwimmen?

Alter: ab 4 Jahren

Die Kinder bilden einen Kreis, ein Kind steht in der Mitte. Das ist der Zoodirektor, der in die Hände klatscht und ein Tier nennt, z.B. einen Elefant. Nun ahmen alle anderen Kinder die Bewegung des genannten Tieres nach und benutzen dabei den ganzen Raum.
Wenn der „Zoodirektor" zweimal in die Hände klatscht, bleiben alle Kinder mitten in ihrer Bewegung stehen, sie frieren quasi ein.
Dann ernennt die Spielleitung ein neues Kind zum Zoodirektor. Dieses klatscht nun in die Hände und nennt ebenfalls ein Tier, zu dem die anderen Kinder dann die passenden Bewegungen machen.

Variante für Kinder ab 5 Jahren

Die Kinder stehen in einem Kreis um die Spielleitung herum. Diese wählt sich ein Tier aus. Dazu überlegt sie sich einen Spruch und bewegt sich, wie es typisch ist für dieses Tier.

Beispiele

- stapfen wie ein behäbiger Bär: „Brumm, brumm, brumm, ich stapfe hier herum ..."
- anschleichen wie eine Katze: „Miau, miau, miaus, ich fang mir 'ne süße kleine Maus!"
- hüpfen wie ein Haken schlagender Hase: „Hüpf, hüpf, hüpfel, hat jemand eine Karotte? Her damit, müpfel!"

Die Kinder ahmen die Bewegung nach und können auch den Spruch nachsprechen. Dann tippt die Spielleitung einem Kind auf die Schulter, was nun seinerseits eine Bewegung mitsamt Spruch vorspielt und die anderen ahmen das ebenfalls nach. Dann darf sich das Kind einen Nachfolger aussuchen, etc.

Lautstärke und Tempo üben

Leise wie ein Mäuschen oder laut wie ein Elefant, was dröhnt in den Ohren, was verweht wie ein Windhauch? Basis für dieses Spiel ist das bekannte Kinderspiel „Stille Post".

Alter: ab 4 Jahren

Die Kinder und die Spielleitung stehen in einem Kreis. Ein Kind, das möchte, denkt sich einen Satz aus und flüstert diesen seinem Nachbarn ins Ohr, der das dann seinem nächsten Nachbarn weiterflüstert usw., bis der Satz wieder beim Start-Kind angekommen ist. Lustig, was dabei herauskommt!
Nun stellen sich die Kinder etwas weiter auseinander. Wieder denkt sich ein Kind einen Satz aus, der zum nächsten Kind weitergesprochen wird, jedoch soll dabei jedes Mal die Lautstärke verändert werden.

Als weitere Steigerung stellen sich die Kinder nun in weit voneinander entfernte Ecken des Raumes und rufen sich wieder einen zuvor festgelegten Satz zu, der reihum „weitergereicht" wird. Dabei sagen sie den Satz immer leiser – wie lange kann er noch verstanden werden?

Tipp

Das Spiel funktioniert übrigens auch in umgekehrter Reihenfolge – von leise zu laut – dann aber besser draußen im Freien spielen, wo ordentlich gebrüllt werden kann!

Variante für Kinder ab 3 Jahren

Die Kinder laufen im Kreis und die Spielleitung nennt ein Tier, ein Fahrzeug oder ein Geräusch, wie „Maus", „Bagger" oder „Glocke läuten". Die Kinder ahmen das passende Geräusch nach und machen dazu die passende Bewegung. Die Spielleitung ruft nun „laut" oder „leise" und die Kinder reagieren darauf, indem sie das Geräusch anpassen. Außerdem kann die Spielleitung „schneller" oder „langsamer" ergänzen.

Variante für Kinder ab 5 Jahren

Die Kinder finden sich in Zweiergruppen zusammen. Die Spielleitung gibt ihnen eine Tätigkeit vor (wie z.B. einkaufen, streiten, spazieren gehen, essen, Gartenarbeit, angeln, sich einen Witz erzählen usw.) oder auch eine Stimmung (wie z.B. traurig, fröhlich, wütend sein usw.). Die Kinder spielen das nach, indem sie nur kurze Silben verwenden, die keinen Sinn machen. Beispiele: „sim, sam, sum", „klick, klack, kluck" oder „dim, dam, dum". Es geht dabei nur um die Betonung der Silben und nicht um den Inhalt. Wenn das auch anfangs zu Gelächter führen wird, zeigt dieses Spiel doch sehr schnell, wie durch unterschiedliche Betonungen auch unterschiedlich Gesprächsstimmungen erzeugt werden!

Musik mit dem ganzen Körper

Eine Hand ist noch viel mehr als nur eine Hand, und eine Zunge kann noch viel mehr, als einfach nur herausgestreckt zu werden!

Alter: ab 3 Jahren

Vorbereitung

Die Spielleitung bespricht mit den Kindern, welche Geräusche der Körper machen kann. Neben dem Klatschen und Stampfen gibt es noch Töne wie Magen grummeln, Knacken der Knochen, Zähne klappern, Aufstoßen, Gähnen, Husten usw. Welche Funktionen haben diese Vorgänge in unserem Körper?

Spielverlauf

Die Kinder probieren aus, welche Geräusche sie mit ihrem Körper machen können und nach was es sich anhört:

- mit den Händen auf den Boden patschen (eine ziemlich große Ente watschelt)
- mit der Zunge schnalzen (Galoppieren eines Pferdes oder Wassertropfen)
- mit den Fingern schnippen, lautes Stampfen (Bären oder Elefanten, die umhertrampeln)

Die Spielleitung ahmt die Bewegungen der Kinder nach und variiert dabei.
Wenn die Kinder relativ schnell keine Ideen mehr für Körpergeräusche haben, geht die Spielleitung den Körper von „oben nach unten" durch – welche Geräusche können die Augen machen, die Nase, der Mund usw.

Beispiele fürs Klatschen

- nur mit den Fingerspitzen
- mit der flachen Hand
- mit den Knöcheln
- über dem Kopf
- hinter dem Rücken
- eng vor dem Körper

- die Hände beim Ausholen auf Schulterbreite strecken
- die Hände so weit ausstrecken wie möglich

Dabei verändert die Spielleitung auch die Lautstärke des Geräusches und seine Geschwindigkeit. Die Kinder beschreiben nun: Wie verändert sich dabei das Geräusch selbst, nach was hört es sich jetzt an?

Variante

Die Kinder klatschen mit ihrer eigenen Hand auf verschiedene Körperstellen, wie Brust, Oberschenkel, Bauch usw. Sie variieren dabei auch die Art, wie sie klatschen, benutzen also entweder die flache Hand oder nur die Fingerspitzen, streicheln mehr oder steigern die Intensität. Was fühlen sie dabei und was macht es mit ihnen? Diese Übung eignet sich übrigens auch als Partnerübung.

Regen malen

Alter: ab 3 Jahren
Material: Wachsmalstifte oder Fingermalfarben; Papier

Die Kinder erhalten von der Spielleitung Stifte und Papier. Die Spielleitung erzählt eine kurze Regengeschichte, zu der die Kinder malen:
Regentropfen fallen auf den Boden: klack, klack, klack (rhythmisch Punkte malen).
Der Regen wird immer mehr und mehr: klackerdiklack-klackerdiklack-klackerdiklack (die Punkte schneller auf das Blatt klopfen).
Es gibt einen Platzregen: platsch-platsch-platsch-platsch (viele Striche dicht nebeneinander malen).
Blitz und Donner zucken vom Himmel: blitz-donner-blitz-donner-blitz-donner (zackige Striche für die Blitze und beim Donnern einen dicken langen Strich malen).
Dann treibt der Wind die Wolken weg und die Sonne scheint, so warm und schön: strahl-strahl-strahl (einen Sonnenkreis malen).

Die eigene Stimme

Wer krächzt, wer quiekt, wer lispelt, wer nuschelt, wer spricht wie ein Frosch, wer brüllt wie ein Brüllaffe? Bei dem Thema „Geräusche erzeugen" denken die Kinder oft nicht daran, dass sie auch mit ihrer Stimme Klänge machen können – wie variieren sie ihre Stimme und wie setzen sie diese ein?

Alter: ab 4 Jahren

Die Spielleitung bittet ein Kind mit geschlossenem Mund zu summen, ein anderes hält sein Ohr an dessen Rücken. Dabei spürt es die Vibrationen, die vom Summen ausgehen. Die Kinder können beim Summen auch ihre Hände an ihren Hals legen und das Vibrieren der Stimmbänder fühlen (zwischendurch sollten sie auch mal stumm sein, um zu sehen, dass ohne Summen nichts vibriert). Damit ein Ton entstehen kann, muss etwas vibrieren, also schwingen – das sollten die kleinen Instrumentebauer später auch beim Basteln beachten!

Die Kinder suchen sich einen Satz (oder eine Zeile aus ihrem Lieblingslied) aus und sagen diesen auf verschiedene Weise, indem sie versuchen, wie ein Frosch, eine Katze, eine Prinzessin, ein Cowboy, ein Tyrannosaurus Rex usw. zu klingen.

Richtiges Atmen

Beim Luftholen ist es wichtig, dass die Luft von ganz unten aus dem Bauch und nicht von oben aus der Lunge kommt. Nur so kann der Körper ausreichend Luft in den Blutkreislauf transportieren und ein Entspannungsgefühl tritt auf.

Alter: ab 4 Jahren
Material: pro Kind 1 Kuscheltier oder 1 Spielzeug

Um das Atmen wahrzunehmen, legen sich die Kinder auf den Boden und platzieren ein Kuscheltier oder Spielzeug auf ihren Bäuchen. Beim Einatmen sollen sie das Tier hoch bewegen und beim Ausatmen soll es wieder nach unten sinken – der Tanz auf dem Bauch!

Im Sitzen und später beim im Kreis laufen halten die Kinder ihre Hände auf den Bauch und kontrollieren so, ob die Atemluft auch aus dem Bauch herausströmt!

Wo hat sich die Musik versteckt?

Musik lauert überall, überrascht, erschreckt, lädt zum Träumen ein und zum Finden!

Alter: ab 3 Jahren

Die Spielleitung erklärt den Kindern, dass eigentlich alles Geräusche und Töne verursacht und in ihrer Umgebung eine Menge Geräusche darauf warten, entdeckt zu werden.

Die Kinder sitzen in einem Kreis und immer eins, das möchte, steht auf und sucht eine Möglichkeit ein Geräusch zu erwecken. Wenn es das Geräusch gemacht hat, setzt es sich wieder in den Kreis und das nächste Kind darf zum Geräuschefinder werden.

Beispiele

- eine Tür, die quietscht
- Schubladen, die beim Öffnen oder Schließen scheppern
- Stühle, die weggezogen werden
- ein Blatt, mit dem geraschelt wird
- ein Stift, der auf den Boden fällt
- Bauklötze, die auf ein Kissen plumpsen usw.

Variante

Die Kinder hängen die Geräusche aneinander. Wenn also das erste Kind mit der Tür quietscht, macht das nächste Kind das zunächst nach und hängt dann erst sein eigenes neues Geräusch an, bis die Geräusche eine lange Kette ergeben oder ein Kind einen Fehler macht. Dann geht es wieder von vorne los.

Wo sind die Leckerli?

Nicht nur Kinder, auch Haustiere naschen gerne – wer gut hören kann, ist klar im Vorteil!

Alter: ab 3 Jahren

Material: verschließbare Dose; kleine Dinge, die Geräusche machen, z. B. Steinchen, Stifte, Bauklötze, Murmeln, Perlen etc.; Augenbinde

Ein Kind legt etwas Rasselndes in die Dose hinein und verschließt sie.
Die Spielleitung verbindet einem weiteren Kind die Augen. Dieses spielt einen Hund oder eine Katze auf der Suche nach Leckerlis (bzw. der Rasseldose).
Das erste Kind bewegt sich fort und rasselt dabei, während das zweite Kind versucht, es zu fangen. Dabei muss das Kind, das den Hund oder die Katze spielt, aufpassen, dass es bei der Verfolgung nirgendwo dagegen stößt!

Geräuschen auf der Spur

Alter: ab 4 Jahren
Material: evtl. Notizzettel und Stifte

Beim nächsten Ausflug sind die Kinder offizielle Geräuschesammler und merken sich bis zur Rückkehr, was sie so alles „erlauscht" haben: z.B. Baustellengeräusche, Tierstimmen, Fahrzeuggeräusche, Blätterrascheln, trampelnde Füße, Fahrradklingeln usw.
Wenn die Kinder wieder im Kindergarten sind, dürfen sie der Reihe nach berichten, was sie so alles entdeckt hatten. Vielleicht lassen sich die Geräusche mit den vorhandenen Gegenständen im Kindergarten nachahmen?

Variante
Die Kinder nehmen sich für den Ausflug Notizblöcke mit und zeichnen während des Ausflugs als Erinnerungshilfe kleine Bilder auf oder machen sich Notizen über die Geräusche.

Lautlose Nadel?

Alter: ab 3 Jahren
Material: Nadel

Die Spielleitung fragt die Kinder, ob sie glauben, dass man eine Nadel fallen hören kann. Die meisten werden wohl verneinen, doch die Spielleitung bittet um absolute Ruhe, holt eine Nadel hervor und lässt sie auf einen harten Untergrund fallen – eh voilà – kann man wohl!

Stumme Glocke

Alter: ab 5 Jahren
Material: 1 Glocke

Die Kinder sitzen in einem Kreis. Die Spielleitung gibt einem Kind, das möchte, die Glocke. Dieses schleicht nun hinter den anderen Kindern herum, möglichst ohne die Glocke zum Bimmeln zu bringen.
Hat es seine Runde beendet, ist das nächste Kind an der Reihe, das ebenfalls möglichst lautlos mit der Glocke in der Hand seine Runde dreht.
Sobald die Glocke ertönt, gibt das Kind sie an das Kind ab, das vor ihm sitzt und sie tauschen ihre Rollen.

Rasselkinder
C. v. Feyerabend

Raschel, Rassel,
auf der Mauer hockt die Assel.
Klapper-di-klapp,
ein Pferd galoppiert, macht schlapp.
Wo sind die kleinen Rasselkinder,
die Worte- und Geräuschefinder?
Auf, auf, auf – es gilt zu rasseln,
lachen, singen, springen, quasseln!

Raschelsäckchen & Ballonrassel

Rassel-Instrumente

Rasseln fallen zwar nicht direkt vom Himmel, aber jedes Kind kann eine Rassel superleicht basteln! Eigentlich benötigt man nur einen verschließbaren Behälter und Rasselmaterial! In diesem Kapitel finden sich vielfältige Anleitungen zum Rasseln basteln, Spiele, Experimente mit dem Luftballon und am Ende wartet ein Bauernhof-Abschlusskonzert! Auf die Rasselbande, fertig – los!

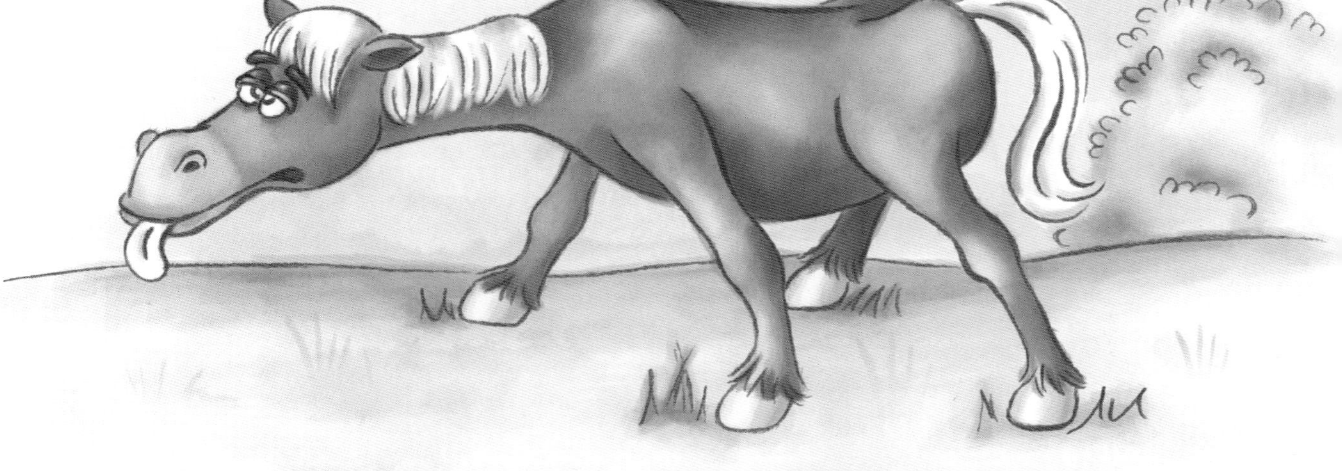

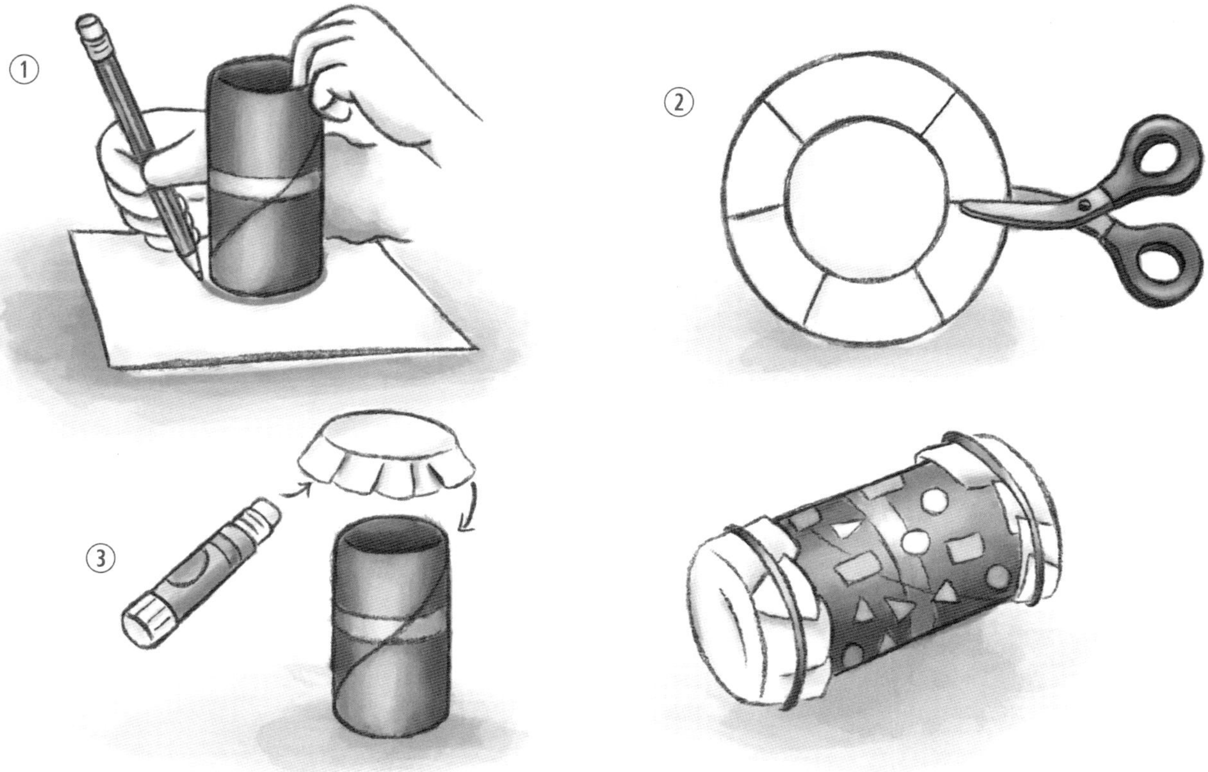

Rassel-Rolle

Alter: ab 3 Jahren
Material: je 1 Toilettenpapierrolle; farbiges Transparentpapier; Schere; Klebstoff; Sand; Kieselsteine; getrocknete Hülsenfrüchte; Reis etc.; evtl. Luftballons und Klebefilm

Zuerst basteln die Kinder die Abdeckungen für die Öffnungen ihrer Papierrolle. Dazu suchen sie sich ein Stück Transparentpapier aus. Sie stellen die Papierrolle auf das Transparentpapier und umfahren sie mit einem Stift, sodass der Umriss abgebildet ist (➜ Abb. 1).
Diesen schneiden die Kinder großzügig, mit ca. 1,5 cm Zugabe ringsrum, aus. Diese Zugabe ist der Rand, der später über die Öffnung hinausragt und festgeklebt wird. Dazu schneiden die Kinder ihn mehrere Male ein, wie die Strahlen einer Sonne (➜ Abb. 2).
Für die zweite Öffnung wiederholen die Kinder den o.g. Arbeitsschritt.
Sie streichen den Rand der Papierrolle mit Klebstoff ein, legen das erste Stück Transparentpapier auf die Öffnung und ziehen es straff an den Seiten runter, sodass es fest anliegt (➜ Abb. 3). Zum Trocknen können die Kinder auch einen Haushaltsgummi darum spannen, der das Transparentpapier festhält.
Während die eine Seite trocknet, reißen die Kinder weiteres Transparentpapier in kleine Stücke und kleben diese als Verzierung um die Papierrolle.
Ist die eine Seite getrocknet, füllen die Kinder das Rasselmaterial ein und kleben die zweite Seite auf die gleiche Weise zu.

Variante

Die Kinder pusten je zwei Luftballons auf, um sie zu dehnen, lassen die Luft wieder entweichen, schneiden das wulstige Mundstück ab und spannen die restliche Luftballonhaut über das eine Ende der Papierrolle. Mit Klebestreifen befestigen sie die Luftballonhaut am Rand der Rolle, sodass sie straff gespannt ist, füllen Rasselmaterial ein und verfahren mit der zweiten Öffnung der Rolle genauso.

Flaschen-Rassel für Eilige

Alter: ab 3 Jahren
Material: je 1 leere Plastikflasche; getrocknete Hülsenfrüchte; Kieselsteine; getrocknete Samen; Obstkerne; Mais- oder Reiskörner; evtl. Acrylfarben; Pinsel

Die Kinder legen die Plastikflasche für einige Minuten in warmes Wasser, sodass sich die Etiketten leicht lösen lassen. In die leeren sauberen Flaschen füllen die Kinder das ausgewählte Füllmaterial, schrauben den Deckel wieder auf und fertig ist die am schnellsten selbst gebaute Rassel der Welt!

Variante

Ältere Kinder malen ihre befüllten Plastikflaschen-Rasseln noch mit Acrylfarben an und verzieren sie nach ihrem Geschmack!

Regenmacher

Wenn der Regen wieder einmal länger auf sich warten lässt, kann ein Regentanz wahre Wunder bewirken!

Alter: ab 4 Jahren
Material: pro Kind 1 lange Haushaltspapprolle (von Küchenkrepp oder Geschenkpapier); Nägel; Hammer; Tonpapier; Klebstoff; Reis- oder Maiskörner; Stoffreste; Schnüre oder Kordeln; evtl. Tapetenkleister, Pinsel, alte Zeitungen, Bastelreste, Perlen und Federn, feinmaschiger Maschendraht

Die Kinder kürzen die Papprolle, falls nötig, auf ca. 60 cm.
Die Spielleitung prüft, ob die Nägel die richtige Größe haben: Sie sollten so lang sein, wie der Durchmesser der Rolle beträgt, aber auf keinen Fall auf der gegenüberliegenden Seite wieder austreten!
Die Kinder drücken die Nägel in einem Abstand von ca. 2 cm ringsrum rein (➜ Abb. 1, S. 18). Bei dicken Rollen benötigen die Kinder hierzu den Hammer und die Hilfe der Spielleitung.
Die Kinder basteln die Abdeckungen für die Öffnungen wie auf Seite 16 bei der Rassel-Rolle beschrieben, hier allerdings aus Tonpapier.
Rund um die Rolle legen die Kinder die Stoffreste und befestigen diese mit Schnüren oder Kordeln, die sie festknoten. Nach Wahl verzieren sie den Regenmacher noch mit Perlen und Federn (➜ Abb. 2, S. 18).
Wenn die eine Seite getrocknet und die Rolle verziert ist, füllen die Kinder ca. eine Tasse Körner ein und verkleben die zweite Seite auf die gleiche Weise.
Bühne frei für einen waschechten indianischen Regentanz!

①

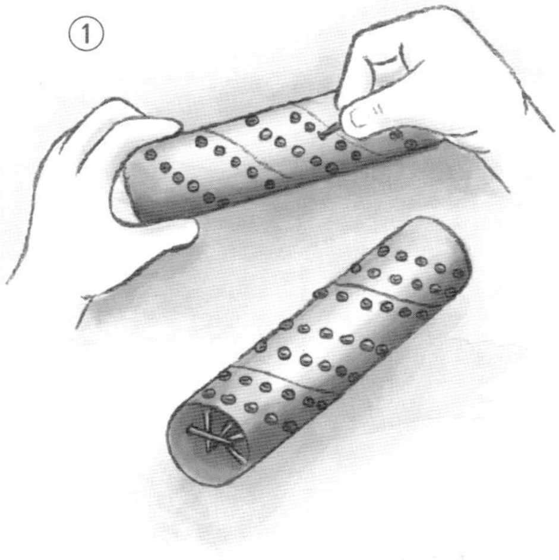

②

Variante

Statt Nägel in die Pappröhre zu drücken, drehen die Kinder ein Stück Maschendraht zu einer Rolle und schieben diese in die Pappröhre (→ Abb. 3). Füllmaterial einfüllen, Enden verschließen und fertig ist der weltschnellste Regenmacher!

Raschelsöckchen

Wenn das Waschmaschinenmonster mal wieder nur Single-Socken ausspuckt, werden diese ratzfatz zu Raschelsöckchen oder Raschelpuppen verwandelt!

Alter: ab 3 Jahren
Material: alte Socken in allen Größen; Strick- oder Wollfaden; alte Knöpfe; getrocknete Erbsen; Zeitungs- oder Butterbrotpapier, Kieselsteine; Holzstückchen; Kastanien; Eicheln etc.

Die Kinder geben das ausgewählte Füllmaterial in die Söckchen und binden diese mit einem Faden fest zu: Fertig ist die Raschelsocke!

③

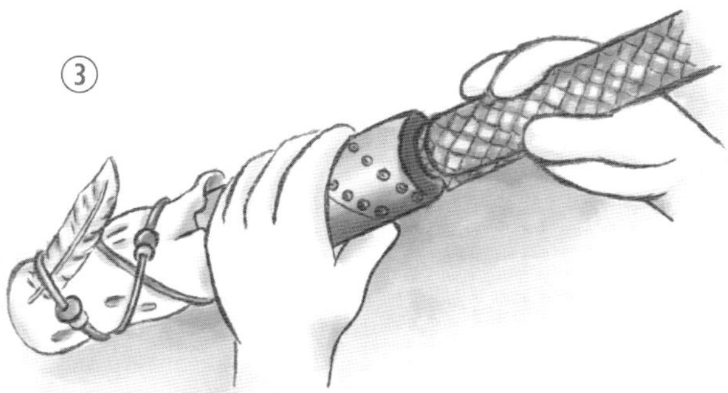

Hinweise

- Interessant wird es für die Kinder, wenn verschiedene Füllmaterialien zur Verfügung stehen. So kann ein Kind Kieselsteine verwenden, ein anderes getrocknete Hülsenfrüchte, wieder ein anderes Holzstückchen. So können sie die unterschiedlichen Geräusche und Gewichte wahrnehmen. Die leichteren Materialien sind dabei natürlich besser für die jüngeren Kinder geeignet.
- Mit Raschelsöckchen kann man besonders gut „Der Plumpsack geht um" spielen!

Sockenmännchen

Alter: ab 5 Jahren
Material: alte Socken in allen Größen; Strick- oder Wollfaden; Knöpfe oder Wackelaugen; Wollreste oder Pfeifenputzer; Nadel und Faden; Glöckchen

Die Kinder stopfen die Socken mit den anderen Socken aus.
Daraus basteln sie kuschelige Sockenmännchen mit angenähten Knöpfen als Augen und Nase, Wollfäden als Mund, geflochtene Wollfäden oder Pfeifenputzer als Arme und Beine.
Wenn die Kinder noch Glöckchen annähen, dann machen die Männchen ebenfalls Lärm!

Spielidee

Die Sockenmännchen eignen sich prima für ein **Sockenpuppen-Theater.** Dazu hilft die Spielleitung den Kindern, für die Spielbühne über einem Tisch oder zwei Stühlen ein großes Tuch zu befestigen. Die Kinder hocken sich hinter die Bühne und lassen ihre Sockenpuppen auftreten – zum Tanzen, Erzählen und Singen. So können sie u.a. bekannte Kinderlieder singen und diese auf die Socken umdichten (z.B. „Grün, grün, grün sind alle meine Socken.“) Wenn das Spiel ins Stocken gerät, gibt die Spielleitung Themen zum Nachspielen vor, wie z.B.: „Einkaufen – wer mag was, was kann man daraus kochen?“, „Ein Tag im Kindergarten“ oder „Besuch im Zoo“.

Ballon-Rassel

Ein Luftballon kann nicht nur schweben, er überrascht auch als lustiger Quietsche- und Rasselgeselle!

Alter: ab 3 Jahren
Material: je 1 Luftballon; getrocknete Hülsenfrüchte; Mais; Reis oder kleine Kastanien; Plastiktrichter; wasserfester Filzstift; Geschenkband oder Wollreste

Die Kinder pusten zunächst den Luftballon auf, um ihn zu dehnen und lassen die Luft wieder entweichen. Sie befüllen ihn mit dem ausgewählten Rasselmaterial (dabei können sie auch einen Plastiktrichter zu Hilfe nehmen), pusten ihn erneut auf und knoten ihn zu. Fertig ist die Ballon-Rassel!
Die Kinder malen dem Luftballon ein Gesicht und knoten bunte Wollfäden oder Geschenkband an.

Hinweise

- Wenn verschiedene Füllmaterialien zur Verfügung stehen, ist es für die Kinder sehr spannend zu beobachten, wie sich das Geräusch verändert: Bei Hülsenfrüchten hört sich die Ballon-Rassel an, als würde starker Regen aufs Dach prasseln, bei Reis klingt es so, als würden viele kleine Mäusefüße über den Boden trippeln, bei Wasser rollen die Wellen heran, bei Kastanien ertönt ein knallendes Pong-Geräusch und der Luftballon kann auch schon mal platzen).
- Spannend ist auch, das sich verändernde Flugverhalten des Luftballons zu beobachten, wenn verschiedene Füllungen im Bauch des Ballons herumkugeln!

Der musikalische Luftballon

Alter: ab 5 Jahren
Material: pro Kind 1 Luftballon

Die Kinder probieren aus, welche Geräusche man mit einem Luftballon fabrizieren kann, z.B.:

- Den Luftballon aufpusten und durch die zusammengepresste Öffnung die Luft quiekend wieder entweichen lassen. Dabei die Öffnungsform weiter auseinanderziehen und dann wieder enger werden lassen, um den Ton zu verändern.
- Am aufgeblasenen Luftballon reiben, bis er quietscht.
- In den aufgeblasenen Luftballon hineinkneifen und wieder loslassen, bis es knallt
- Den aufgeblasenen Luftballon am Knoten festhalten und ihn schnell von der einen auf die andere Seite schleudern.

Im Anschluss an diese Versuche berichten die Kinder sich in einem Stuhlkreis gegenseitig, was sie herausgefunden haben und überlegen sich eine kurze Geschichte, bei dem diese Geräusche eine Rolle spielen.

Rasselkürbis

Jeder Kürbis wird irgendwann ganz automatisch zur Rassel, nämlich dann, wenn er getrocknet ist. Dann lösen sich im Inneren die Samen, fallen von der Kürbis-Innenwand und rasseln gegeneinander, wenn man den Kürbis bewegt. Etwas Geduld ist jedoch gefragt, denn je nach Größe und Temperatur dauert es ca. vier Wochen, bis ein Kürbis getrocknet ist.

Alter: ab 3 Jahren
Material: pro Kind 1 kleiner Kürbis (z.B. Zierkürbis, Flaschenkürbis); evtl. Bohrer, getrocknete Hülsenfrüchte oder Reiskörner, Weinkorken oder Aststück, Trommelschlägel, Stifte, Pinsel, Möhren

Die Kinder suchen sich einen Kürbis aus. Dabei gilt: je kleiner, desto schneller ist er getrocknet!

Sie legen die ausgewählten Kürbisse an einen trockenen, warmen Ort (an die Heizung wäre ideal) und warten, bis sie getrocknet sind. Dabei können sie beobachten, wie das Gewicht geringer wird, sie stellen fest, dass sich die Außenhaut hölzern anfühlt und wenn sie den Kürbis schütteln, sollten schon erste Kerne gegen die Innenwand klackern. Während des Trocknens sollten die Kinder auch hin und wieder kontrollieren, ob der Kürbis nicht fault. Wenn z.B. Zeitungspapier untergelegt wurde, muss dieses regelmäßig gewechselt werden, weil sich hier die Nässe sammelt!
Nach dem Trocknen kommt der spaßige Teil – die Kinder lösen die restlichen Kerne: sie schlagen von allen Seiten gegen den Kürbis und fertig ist die Kürbisrassel! Außerdem können die Kinder den getrockneten Kürbis wunderbar als Trommel verwenden!

Variante

Für ein stärkeres Rasselgeräusch bohrt die Spielleitung ein Loch in die Hülle und die Kinder befüllen den Kürbis mit getrockneten Hülsenfrüchten oder Reis. Entweder verschließen die Kinder das Loch mit einem Weinkorken oder stecken ein passendes Stück Ast hinein, das die Öffnung ausfüllt und festgeklebt wird. So haben die Kinder gleich noch einen Stiel.

Hinweis

Dieser Kürbisrasselbau klappt übrigens auch bei noch nicht getrockneten Kürbissen und die Kinder müssen nicht warten! Die Kinder schlagen auf größere Kürbisse als Trommel ein und verwenden verschiedene Schlägel, wie einen Trommelschlägel (Bauanleitung ➜ S. 26), verschiedene Stifte, einen umgedrehten Pinsel oder – für erstaunte Kinderaugen – auch gerne mal zwei Möhren!

Die rasselige Rasselbande
C. v. Feyerabend

Wenn die Rasselbande rasselt,
und die Ina wieder quasselt,
wird es Zeit für eine Reise.
Auf die rasselige Weise!
Rassel leise
und rassel laut,
wie ne Meise
und wie 'ne Braut.
Zum Bauernhof auf, auf!:
Wie summt wohl eine dicke Biene?
Wie laut quietscht ein Türknauf?
Wie tuckert ne Erntemaschine?
Wie kriecht eine kleine Maus?
Wie kräht der Hahn?
Wie hüpft eine freche Laus?
Wie fliegt ein Schwan?
Wie galoppiert ein großes Pferd?
Und was kocht die Bäuerin am Herd?
Auf, auf, ihr freche Rasselbande –
tanzt über Hof, über die Kante,
zusammen mit der Katze und dem Hund,
lacht, springt, singt, hinkt, Bewegung ist gesund!

Wer ist laut, wer ist leise?

Rasseln, rennen, lachen, hüpfen – Bausteine für einen erfüllten Kindertag!

Alter: ab 3 Jahren
Material: Gedicht „Die rasselige Rasselbande" (➜ links) oder andere Gedichte aus diesem Buch (➜ Register S. 100); verschiedene Rassel-Instrumente; 2 Blätter Papier; Stift

Passend zum obigen Gedicht regt die Spielleitung die Kinder dazu an, es laut oder leise mitzurasseln. Um den Kindern dabei „laut" und „leise" bildlich darzustellen, zeichnet die Spielleitung einen großen Kreis auf ein Blatt (dieser steht für „laut") und auf ein zweites Blatt einen kleinen Punkt (leise). Wenn die Spielleitung zusammen mit den Kindern das Gedicht spricht, hält sie die Blätter hoch. So wissen die Kinder, wann sie leise und wann sie laut rasseln sollen.

Blindekuh mit Rasseln

Alter: ab 3 Jahren
Material: verschiedene, selbst gebastelte Rasseln; Augenbinde; beliebiger Gegenstand

Die Spielleitung verbindet einem Kind die Augen. Ein anderes Kind versteckt einen Gegenstand im Raum.
Nun leiten die anderen Kinder das „blinde" Kind durch ihr Gerassel zum Versteck. Dabei rasseln die Kinder laut, wenn es sich dem Gegenstand nähert, und viel leiser, wenn es sich weiter entfernt.

Tipp

Wenn der Lärm zu groß wird, sucht die Spielleitung nur zwei oder drei Kinder aus, die das Rasseln übernehmen.

Bauernhof-Konzert

Eine Sinfonie aus Geräuschen, Tönen und Düften bietet so ein Bauernhof und eins ist klar – weg will hier keiner!

Alter: ab 3 Jahren
Material: viele verschiedene Rasseln

Der Spielleiter legt die verschiedenen Rasseln aus und die Kinder suchen sich jeweils eine aus. Wenn mehrere Kinder das gleiche Rassel-Instrument gewählt haben, stellen sie sich zusammen. Die Kinder dürfen selbst bestimmen, welches Bauernhof-Tier (Huhn, Pferd, Hund etc.) oder welches Bauernhof-Fahrzeug (Trecker, Gabelstapler, Mähdrescher etc.) sie mit ihrer Rassel darstellen wollen.
Die Kinder bilden einen großen Kreis, die Spielleitung steht in der Mitte. Sie nennt ein Tier, das eines oder mehrere Kinder ausgewählt haben. Diese dürfen um sie herumspringen und sich dabei wie das Tier bewegen und rasseln.
Wenn die Spielleitung in die Hände klatscht, hüpfen die Kinder wieder zurück an ihre Plätze und das Spiel geht von vorn los: die Spielleitung nennt ein Tier oder Fahrzeug und die entsprechenden Kinder kommen rasselnd in den Kreis getanzt.
Zwischendurch nennt die Spielleitung auch Tiere oder Fahrzeuge, die keines der Kinder ausgewählt hat. Dann dürfen alle Kinder in die Mitte des Kreises kommen und tanzen und rasseln (Das ist eine sehr gute Konzentrationsübung!).

Tipp

Um „Stille“ zu üben, bestimmt die Spielleitung zu Beginn ein „Zauberwort“, wie z.B. „Froschkönig“. Wenn dieses Wort genannt wird, sollen alle Kinder mucksmäuschenstill an ihrem Platz stehen.

Trommelkuchen-Festtagsschmaus
C. v. Feyerabend

Bong-Bong: Dumpf dröhnt der Trommelschlag,
eine Feier zum Ehrentag.
Die Indianer tanzen und stampfen,
drehen sich flink im Kreis und mampfen
vom Trommelkuchen-Festtagsschmaus.
Nur wer gut trommelt, darf auch raus!

Tamburin & Büchsentrommel

Trommel-Instrumente

Die bekanntesten Trommler sind wohl die Indianer! Ob Regentanz, Trauer- oder Freudentanz, der getrommelte Rhythmus zuckt durch den ganzen Körper: vom kleinen Fußzeh bis zu den Haarspitzen und das Sitzenbleiben fällt schwer! In diesem Kapitel werden verschiedene Trommeln gebastelt, indianische Namen entdeckt und kräftig das Tanzbein geschwungen!

Trommel für Eilige

Wenn mit wenigen Handgriffen aus einem normalen Alltagsgegenstand ein spaßiges Musikinstrument werden kann, dann sind auch die Indianer nicht weit! Um damit ordentlich Lärm fabrizieren zu können – Pardon!: Musik –, bedarf es natürlich noch „fach-kindlicher“ Trommelschlägel!

Alter: ab 3 Jahren
Material: Trommel: pro Kind 1 leere, saubere Konservenbüchse mit abgerundetem Rand; unbenutzte Töpfe und Schachteln in allen Größen. **Schlägel:** Schaschlikstäbchen; Klebstoff; Korken; Watte; Stoffreste; Schere; Schnur oder Wollfaden

Die Kinder stellen die Konservenbüchsen, Schachteln und Töpfe mit der Öffnung nach unten auf den Boden und fertig ist das weltschnellste Dosen- und Topfschlagzeug!
Zum Basteln der Schlägel erhält jedes Kind von der Spielleitung zwei Holzstäbchen und zwei Korkenstücke. Die Kinder stecken die Korkenstücke auf die Stäbchen, bestreichen die Korken mit Klebstoff und wickeln dick Watte darum.
Aus den Stoffresten schneiden die Kinder Stücke aus, die groß genug sind, um über die Watte gelegt und unter dem Korken mithilfe eines Fadens festgebunden zu werden. Fertig sind die Trommelschlägel!

Tipps:

- Statt der Schaschlikstäbchen können die Kinder auch Essstäbchen und statt der Korken Holzkugeln mit Bohrung verwenden.
- Auch Alltägliches eignet sich zum Trommeln wie Stifte, Kochlöffel, Möhren (ja, auch mit einer Möhre oder einer Lauchstange kann man gut auf eine Paprika oder einen Apfel schlagen!)

„Lachendes Reh“ oder „Stiller Ball“?

Bei den Indianern suchten nach der Geburt die Verwandten, der Medizinmann oder die Stammesältesten den Namen des Kindes aus. Dabei beschreiben die indianischen Namen ganz besondere Ereignisse oder Eigenschaften, die etwas mit dem Kind zu tun haben.

Alter: ab 3 Jahren

Die Spielleitung unterhält sich mit den Kindern, was sie besonders gut können, für was sie sich sehr interessieren und was ihre Eigenarten sind. Lacht z.B. jemand gerne und sein Lieblingstier ist ein Reh, könnte sein indianischer Name z. B. „Lachendes Reh“ lauten. Ein fußballbegeistertes Kind, das ansonsten sehr still ist, hieße dann vielleicht „Stiller Ball“. Sicher fallen den Kindern noch viele andere passende Namen ein. Die Kinder klatschen zuerst ihre neuen Namen (➔ S. 7) und trommeln sie dann.

Tipp

Die indianischen Namen eignen sich hervorragend dazu, eine Indianerwoche ins Leben zu rufen! Dabei können Wigwams gebaut, Gesichter angemalt, Indianertänze getanzt, Indianergeschichten erzählt und Indianerschmuck gebastelt werden!

Käseschachtel-Trommel

„Alles Käse“ gilt nicht immer, im Gegenteil: hier halten sich naschsüchtige Mäuschen eher die Ohren zu!

Alter: ab 4 Jahren
Material: pro Kind 1 Papp-Käseschachtel; Tonpapier, gemustert; Klebstoff; Schere; Nadel; je 3 lange Wollfäden, ca. 20–22 cm lang; je 6 Holzperlen mit Bohrung, Ø ca. 10–25 mm; Klebefilm; Schaschlikstäbchen

Die Kinder schneiden aus dem Tonpapier zwei Kreise aus, die den gleichen Durchmesser haben wie die Pappschachtel und kleben sie auf Schachtelboden und -deckel.
Die Kinder stechen mit einer Nadel ein Loch in die Mitte des Schachteldeckelrandes, ebenso auf der gegenüberliegenden Seite. Ist das Loch zu klein für alle drei Fäden, weiten sie das Loch mit einem Holzstift.
Die Kinder ziehen einen Faden nach dem anderen durch die Löcher und knoten an den Enden, die rechts und links der Pappschachtel rausstehen, jeweils eine Holzperle fest (➔ Abb.). Dabei sollte der Faden so lang sein, dass die Holzperle beim Hin- und Herdrehen auf die Mitte der Schachtel schlägt.
Die Fäden kleben die Kinder im Inneren des Schachtelbodens mit den Klebestreifen an. (Es würde natürlich auch ein Faden mit jeweils einer Kugel an jedem Ende ausreichen, aber je mehr Kugeln, desto mehr Klang!)
In den unteren Rand bohren die Kinder ein größeres Loch für den Stiel. Dort kommt das

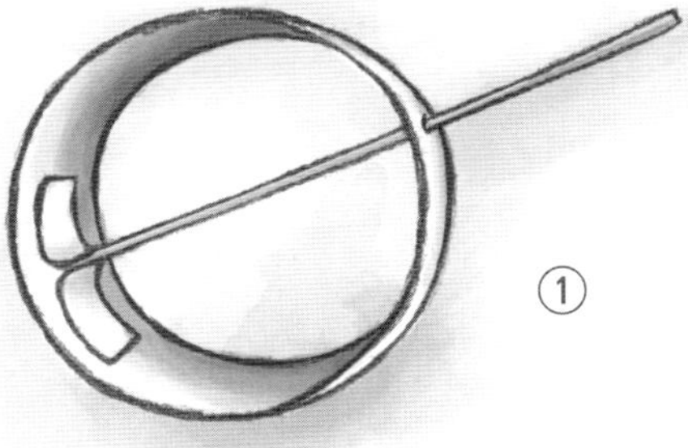

Schaschlikstäbchen hinein. Die Kinder schieben es bis zum oberen Ende der Schachtel hoch und befestigen es ebenfalls mit Klebestreifen. Sie drücken die beiden Pappschachtelteile wieder zusammen und befestigen diese ringsum mit Klebestreifen.
Das gemusterte Tonpapier reißen die Kinder nun in Stücke und Streifen und kleben es auf den Schachteldeckel.
Sobald das Papier getrocknet ist, ist die Käseschachtel-Trommel fertig und bereit für einen ersten Trommeleinsatz! Dazu drehen die Kinder den Stiel zwischen ihren Händen, als würden sie etwas reiben.

Tipp

Für ein indianisches Aussehen kleben die Kinder auf den Rand der Pappschachteln Federn, hängen neben den Holzkugeln auch kleine Glöckchen an die Fäden und füllen für mehr Klang die Käseschachtel mit Maiskörnern.

Drehtrommel

Perfekt für einen indianischen Drehtanz! Welches Kind kann wohl am schnellsten den Stab zwischen den Händen reiben, ohne dass es ihm schwindelig wird?!

Alter: ab 4 Jahren
Material: pro Kind 1 stabiler Pappring (Stück von einer Papphröhre), Ø ca. 9 cm, 3–5 cm breit; 2 Luftballons; Schaschlikstäbchen; Klebefilm; Nadel und Faden; Isolierband; Holzperlen mit Bohrung in verschiedenen Größen

Die Kinder pusten die Luftballons auf, um sie zu dehnen, lassen die Luft wieder entweichen und schneiden das wulstige Mundstück und den dünnen Hals ab. Das Schaschlikstäbchen piksen sie von unten durch die breite Seite der Röhre, sodass es den oberen inneren Rand berührt, aber *nicht* wieder austritt, und befestigen es mit Klebestreifen (➜ Abb. 1).

Mit der Nadel stechen die Kinder waagerecht auf beiden Seiten ein Loch hinein und ziehen hier den Faden hindurch. Dieser soll auf beiden Seiten so lang hinunterhängen, dass die Fadenenden jeweils in die Mitte der Drehtrommel schlagen, wenn die Kinder diese drehen (also erstmal länger lassen, abschneiden kann man immer noch).
Die Kinder verknoten den Faden an der einen Seite (direkt an der Austrittsstelle), ziehen ihn straff und knoten ihn auch auf der anderen Seite direkt am Pappring fest (➜ Abb. 2, S. 28).
Die beiden Luftballons ziehen sie straff über beide offenen Enden der Röhre und fixieren sie jeweils mit Isolierband. Dabei darauf achten, dass die Fäden locker heraushängen
Auf die Fäden reihen die Kinder Perlen auf, wobei sie mit einer großen Perle abschließen.
Drehen die Kinder den Stab zwischen beiden Händen, schlagen die Perlen auf das „Luftballon-Trommelfell“ und erzeugen so lustige Geräusche.

①

②

Büchsen-Trommel

Ein echter Indianer darf ab und zu auch weinen, aber eine Trommel sollte er schon haben!

Alter: ab 4 Jahren
Material: pro Kind 1 leere Konservenbüchse mit glattem Rand; verschiedene Acrylfarben; Pinsel; Transparentpapier; Schere; Wasser; Haushaltsgummis, Schnüre oder Lederbänder; Holzperlen; Federn; evtl. 2 Luftballons, Isolierband, Tonpapier

Die Kinder malen mit Acrylfarben ihre Büchse bunt an.
Nach dem Trocknen der Farbe schneiden sie aus dem Transparentpapier einen Kreis aus, dessen Durchmesser ca. 4 cm größer ist als der der Büchse.
Die Kinder tauchen mithilfe der Spielleitung das Papier in etwas Wasser, sodass es leicht nass, aber nicht tropfnass ist (➜ Abb. 1).
Sie legen das nasse Transparentpapier über die Dose, ziehen es straff und befestigen es mit einem Gummi (➜ Abb. 2). Wenn möglich ohne Dellen und Blasen! Das geht am besten zu zweit.
Zum Trocknen stellen die Kinder die Dosen an einen warmen Ort und können beobachten, wie sich das Papier zusammenzieht und die Oberfläche noch straffer wird.
Was jetzt noch fehlt, ist der Indianerschmuck! Dazu knoten die Kinder Schnüre oder Lederbänder rund um die Dose und befestigen daran Holzperlen und Federn!

Tipp

Die Kinder sollten erst nach dem vollständigen Trocknen des „Trommelfells" auf den Büchsen-Trommeln spielen, da die Oberfläche sich sonst eindellt und der Klang schlecht wird!

③

Variante „Dosen-Trommel"

Die Kinder ziehen wie bei der Drehtrommel (➜ S. 28) einen Luftballon über die offene Seite einer kleinen Konservendose ohne Deckel und fixieren diese mit Isolierband (➜ Abb. 3). Die Dose schmücken die Kinder mit Tonpapier oder buntem Isolierband und fertig ist die Dosen-Trommel!

Regen, Blitz, Donner & Co.

Die Natur übt auf Kinder eine magische Anziehungskraft aus – bewahren heißt die Devise!

Alter: ab 4 Jahren
Material: ca. 15 Karten aus weißem Papier, je ca. 15 × 10 cm; selbst gebastelte Trommeln; Schlägelvarianten aus dem Kindergarten, z. B. Löffel, Stöcke, Schneebesen etc.

Die Indianer glauben daran, dass alles auf der Welt lebt und beseelt ist, wie die Menschen, Tieren, Pflanzen, Steine und auch die Sonne. Einige Indianerstämme glauben an einen „Großen Geist" und nennen diese Kraft u. a. „Manitu". Um ihm zu danken, gibt es verschiedene Dankgebete, die zeigen, wie bewusst die Indianer mit ihrer Umwelt umgehen. Sie schätzen alles, was sie umgibt, vom kleinsten Grashalm bis zum größten Baum und danken den Naturkräften, wie Sonne und Regen, ohne die es nichts zu essen auf der Welt gäbe. Gleichzeitig ist die Natur auch Vorbild für ihr eigenes Verhalten:

Dankgebet der Irokesen

Wir wurden zusammen
mit allen Geschöpfen
auf diese Erde gesetzt.
All diese Geschöpfe,
auch die kleinsten Gräser
und die größten Bäume,
sind mit uns eine Familie.
Wir sind alle Geschwister
und gleich an Wert
auf dieser Erde.

Die Spielleitung erzählt den Kindern von den Indianern, von deren Achtung vor den Naturgewalten und ihrem Leben im Einklang mit der Natur. Sie berichtet ihnen, dass die Indianer nicht nur ihre Stammesmitglieder schätzten, sondern auch jeden Grashalm der Prärie und jedes Tier und dass sie sich zusammen mit den Tieren und Pflanzen einer Familie zugehörig fühlen.
Die Kinder überlegen zusammen mit der Spielleitung, welche Naturgewalten, Tiere, Pflanzen etc. für die Indianer von Bedeutung waren und malen dies auf die Karten (z. B. Regen, Blitz, Donner, Sonne, Regenbogen, Sturmflut, Überschwemmung, Pferde, Büffel, Vögel, Bäume etc.). Sie überlegen nun, wie sie die Bilder mit ihren gebastelten Instrumenten in Geräusche, Klang und Getrommel umsetzen können:

- mit den Fingern über die Trommeln streichen
- die Fingerspitzen wie Regen darüber prasseln lassen
- Löffel, Stöcke, Schneebesen etc. als Schlägel benutzen

Wenn die Kinder gemeinsam mit der Spielleitung den einzelnen Bildern feste Geräusche zugeordnet haben, mischt die Spielleitung die Karten und dreht sie mit dem Bild nach unten. Immer wenn sie nun eine Karte umdreht, machen die Kinder das abgesprochene Geräusch.

Tipp

Wenn das Spiel einige Male geübt wurde, kann man so sogar ein richtiges Musikstück gestalten! Dazu wählt die Spielleitung die Karten bewusst in einer bestimmten Reihenfolge aus und setzt z.B. die gleiche Karte zur Geräuschwiederholung auch mehrere Male ein, bzw. malt die gleiche Karte mehrere Male.

Blumentopf-Trommel

Wenn aus einem Blumentopf mal etwas anderes wachsen soll als nur Grünzeug, kommen die Bastelschere und die Schlägel zum Einsatz!

Alter: ab 4 Jahren
Material: pro Kind 1 Blumentopf aus Ton mit Loch an der Unterseite; Schere; Butterbrotpapier; Tapetenkleister; Pinsel; großes Gummiband; Abtön- oder Acrylfarben; Pinsel

Die Kinder schneiden das Butterbrotpapier pro Blumentopf in 10 kreisrunde Stücke. Diese sollten jeweils ca. 4 cm größer sein als die Blumentopföffnung.

Die Spielleitung rührt zusammen mit den Kindern den Tapetenkleister an.
Mit einem Pinsel kleistern die Kinder die erste Lage Butterbrotpapier ein, legen diese straff gespannt über den Blumentopf und streichen die überstehenden Seiten glatt am Blumentopf hinunter (➔ Abb. 1). Wichtig dabei ist, dass der Kleister nur sparsam verwendet wird und nicht in großen Flecken auf dem Papier liegt und vor allem: straff spannen!!
Auf diese Weise werden alle 10 Schichten über die Blumentopf-Öffnung gespannt. Die Kinder streichen dabei immer alle Luftblasen aus, wobei sie vorsichtig über die Schichten streichen, um keine Dellen hineinzudrücken!
Mit dem Pinsel bestreichen die Kinder auch den Rand und drücken das überstehende Butter-

①

②

brotpapier nochmals fest an den Blumentopf an. Darüber legen die Kinder das Gummiband (➔ Abb. 2, S. 31).
Über Nacht trocknen die Blumentöpfe.
Am nächsten Tag können die Kinder die Trommeln mithilfe von Abtön- oder Acrylfarben mit bunten, lustigen Indianermustern bemalen!

Das verschwundene Pony

Die folgende Vorlesegeschichte können die Kinder mit ihren zuvor selbst gebastelten Trommeln begleiten. Spannend ist für sie dabei zu erfahren, wie viele verschiedene Töne die Trommeln produzieren können!

Alter: ab 4 Jahren
Material: verschiedene, selbst gebastelte Trommeln

Chaa ist ganz aufgeregt. Sie rennt geschwind zwischen den Tipis entlang zum Versammlungsplatz. Dort sitzen ihre drei Geschwister und versuchen gerade mit ihren Feuersteinen und Hilfssteinen ein Feuer zu entfachen. Dabei klackern die Steine leise gegeneinander: klack-klack-klack. *„Hey! Habt ihr mein neues Pony gesehen? Es ist verschwunden! Dabei war es gerade mal zwei Tage bei mir!“ Chaa muss erstmal stehenbleiben und Luft holen. „Dein Pony Sonnenbogen?“ Alle drei schütteln mit ihren Köpfen, sodass ihr Federschmuck durch die Luft fliegt:* flatter-flatter-flatter. *„Aber wir helfen dir beim Suchen!“*
Kurz darauf schleichen vier Indianerkinder durchs Gras. Sie ducken sich hinter niedrigen Sträuchern, großen Steinbrocken und versuchen keine Geräusche zu machen. Sie wollen ja ein Pony fangen und es nicht verschrecken! Deshalb müssen sie leise sein: schleich-schleich-schleich.
Der Wind streicht über die Zweige der Bäume und lässt das Gehölz knarzen: knarz-knarz-knarz.
Direkt vor Chaas Nase fliegt ein wunderschöner roter Schmetterling vorbei und sie schaut ihm hinterher in Richtung des Laubwaldes. Hat sich da nicht etwas bewegt? War da nicht ein leises Galoppieren zu hören? Galopp-galopp-galopp.
Aufgeregt späht sie zu ihren Geschwistern, die ebenfalls ihre Hände über die Augen halten, um so die Sonne abzuschirmen und besser sehen zu können. Chaa stößt drei kurze Pfiffe aus, sodass alle zu ihr schauen: pfeif-pfeif-pfeif.
Leise schleichen die anderen zu ihr und sie halten flüsternd Kriegsrat: „Da hinten bei den Bäumen, da hab ich was gesehen. Lasst uns von allen vier Seiten darauf zuschleichen, dann können wir das Pony besser einfangen!“
Kurz darauf rascheln an verschiedenen Stellen die Gräser und Sträucher, als die vier Kinder vorsichtig zu den Bäumen schleichen: raschel-raschel-raschel.
Plötzlich ertönt ein Wiehern. Und da – noch einmal! Das Pony galoppiert unter den Bäumen entlang: galopp-galopp-galopp. *Bis es schnaubend stehenbleibt.*
Ein Pfiff gellt durch die Luft. Das war Chaa, die damit das Kommando gibt, aus den Verstecken zu stürmen und sich auf das Pony zu stürzen. Und mit einem lauten Poltern und Zweige knacken brausen die Kinder herbei: polter-polter-polter *und verscheuchen das Pony. Dieses galoppiert erschrocken wieder davon:* tocktock-tocktock-tocktock.
Chaa stampft mit ihrem Fuß auf den Waldboden: „Das ist ja zum Federn ausrupfen. Ponymist! Wir waren so nah!“: stampf-stampf-stampf. *Die kleine Schwester zupft ihr vorsichtig am Hemd: „Zu laut? Wir waren wohl zu laut!“ „Mhmpf“, antwortet Chaa und winkt den anderen, ihr zu folgen.*

Wieder schleichen sie geduckt und ganz leise zwischen den Büschen umher. Und wieder halten sie nach dem Pony Ausschau. Da – diesmal steht es auf der Blumenwiese und rupft sich Grasbüschel aus, die es genussvoll frisst: **mampf-mampf-mampf.** *Aber hier können sich die vier nicht ungesehen anschleichen. Auf der Blumenwiese wachsen nur Blumen und Gras. Chaa robbt auf ihrem Bauch entlang, aber selbst dann ragt ihr Kopf noch über die Pflanzen. Ihr Pony Sonnenbogen schnaubt. Es scharrt mit den Hufen:* **scharr-scharr-scharr** *und tänzelt heran. Direkt auf Chaa zu, die ganz verdattert im Gras liegt. Sonnenbogen stupst Chaa mit seiner Nase an und wiehert ganz laut. Chaa steht auf, fasst Sonnenbogen um den Hals und lacht glücklich. „Du kennst mich ja schon! Wie froh bin ich, dass du wieder bei uns bist!"*
Fröhlich laufen alle zusammen zurück zu den Tipis, wo sie mit Sonnenbogen Fangen spielen und dabei versuchen, wie ein Pferd zu traben und zu galoppieren: **tocktock-tocktock-tocktock.**

Spielverlauf

Jedes Kind erhält von der Spielleitung eine der selbstgebastelten Trommeln. Sie erklärt den Kindern nun das Spielprinzip: Während sie ihnen die obenstehende Geschichte vorliest, dürfen die Kinder immer, wenn Geräusche erwähnt werden, z. B. *„Dabei klackern die Steine leise gegeneinander:* **klack-klack-klack**", diese mit ihren Trommeln begleiten. Dabei unterscheiden sie, ob die Geräusche leise oder laut sind und ob getrommelt, geknarzt, getropft, zart mit der Hand darüber gestrichen oder galoppiert wird.

Variante

Einige Kinder übernehmen die Rollen der Indianerkinder und des Pferdes Sonnenbogen und spielen so bei einem erneuten Vorlesen die Geschichte nach.

Spielzeug-Schepper-Trommel

Alter: ab 3 Jahren
Material: pro Kind 1 Karton (z. B. leerer Schuhkarton); Farben; Spielzeug aus dem Kindergarten, z. B. Bauklötze, Spielfiguren, Holzobst, Schnüre oder Wollreste; Klebeband; evtl. Tücher

Die Kinder suchen sich einen Karton aus und bemalen ihn. Nach dem Trocknen der Farbe überlegen sie, welches Spielzeug sie reinfüllen wollen. Jüngere Kinder dürfen natürlich „nur" großes Spielzeug nehmen (wie z. B. Bauklötze), während die älteren Kinder alles verwenden dürfen, was bruchfest ist.
Das Spielzeug legen die Kinder in die Boxen und knoten die Schnüre drumherum, sodass der Deckel ganz fest aufliegt und nichts herausfallen kann. Bei größeren Boxen kann die Spielleitung auch helfen, den Deckel mit einem breiten Klebeband zu befestigen.
Wenn die Kinder die Schachteln auf ihren Schoß legen und mit der Hand darauf trommeln, erzeugen die innen liegenden Spielzeuge einen tollen Klapper- und Schepper-Effekt. Kleine Trommeln können natürlich unter einen Arm geklemmt werden und mit der freien Hand betrommelt werden.

Variante

Die Spielleitung hilft den Kindern, an beiden Seiten der Schachtel an den Schnüren ein Tuch festzubinden, sodass die Kinder die Tücher um ihren Hals legen können und die Spielzeug-Schepper-Trommel vor ihren Bäuchen hängt.

①

②

③

Tamburin

Zum Tanzen und Scheppern ist das Tamburin ein perfekter Trommelbegleiter! Wer da noch sitzen bleibt, ist selber schuld!

Alter: ab 4 Jahren
Material: pro Kind 2 Pappteller; Buntstifte und Filzstifte nach Wahl; Locher; Klebstoff; 20–30 Kronkorken; Hammer und Nagel; Brett; Faden; Schere; evtl. Glöckchen

Die Kinder bemalen jeweils die Oberseite der beiden Pappteller mit farbenprächtigen Mustern und Bildern.
Nach dem Trocknen legen sie die beiden Teller ineinander und markieren mit einem Stift zehn Punkte auf dem äußeren Rand. Hier soll gelocht werden.
Die zehn Löcher, die ungefähr 0,5–1 cm Abstand zum Rand haben sollen, verteilen die Kinder so, dass ein Bereich von 8–10 cm ohne Löcher bleibt (➔ Abb. 1). Dort halten sie das Tamburin später fest.
Mit dem Locher lochen sie an den markierten Punkten beide Pappteller gleichzeitig.
Sie drehen den einen Pappteller um, wobei sie darauf achten, dass die Löcher weiterhin übereinanderliegen und kleben Papptellerboden auf Papptellerboden.
Während der Klebstoff trocknet, durchlöchern die Kinder mithilfe der Spielleitung die Kronkorken, indem sie einen Nagel mittig mit dem Hammer hineinschlagen. Ein festes Brettchen als Unterlage ist wichtig! (➔ Abb. 2)
Die Kinder schneiden zehn jeweils 6–8 cm lange Fäden ab, fädeln je 2–3 Kronkorken darauf, ziehen den Faden durch die beiden übereinanderliegenden Löcher der Pappteller und verknoten sie. Dabei sollen die Fäden nur etwas Spiel haben, sodass die Kronkorken noch gegeneinander scheppern, aber nicht durchhängen (➔ Abb. 3). Fertig ist das Tamburin – auf ein fröhliches Tanzen!

Ocean Drum

Rauschen wie das Meer, mit den Fischen auf du und du und Träume, die bewegter nicht sein könnten – Ocean Drums!

Alter: ab 5 Jahren
Material: je 1 kleiner, dünnwandiger Karton (z. B. Pralinenschachtel oder Mini-Pizzakarton); Cutter oder Schere; Füllmaterial wie kleine bunte Holzperlen, getrocknete Hülsenfrüchte, Murmeln oder Kieselsteinchen; starke Plastikfolie (z. B. Verpackungsmaterial oder Prospekthülle); durchsichtiges Paketklebeband; Acrylfarben; Pinsel; evtl. Feinwellpappe in Größe des Kartonbodens

Die Kinder schneiden oben aus dem Kartondeckel ein Fenster aus – hier sehen die Kinder später das bunte Füllmaterial entlangrollen. Die Plastikfolie schneiden sie etwas größer zu, legen sie von innen über das Fenster und kleben sie mit Paketklebeband fest (➔ Abb.).

Die Kinder legen das Füllmaterial in die Schachtel – je nach Größe der Schachtel mehr oder weniger. Mit dem Klebeband verschließen sie den Karton rundum.
Nun können sie das Äußere der Schachtel noch mit Meeresbildern, Fischen etc. gestalten.
Wenn die Kinder die Schachtel langsam von der einen Seite zur anderen anheben, rollt auch das Füllmaterial langsam von der einen Seite zur anderen und erzeugt dabei ein Wellen-Geräusch!

Tipp

Wenn die Kinder vor dem Einfüllen des Füllmaterials innen auf den Schachtelboden ein Stück Feinwellpappe kleben, wird das Wellengeräusch noch intensiver.

Indianer-Trommel-Tanz

Ein Indianer kann nicht nur richtig gut trommeln, sondern auch tanzen!

Alter: ab 3 Jahren
Material: selbst gebastelte Trommeln

Die Kinder führen im Kreis einen Indianertanz auf. Die Spielleitung gibt dazu mit einer der Trommeln den Rhythmus und das Tempo vor. Hört sie auf zu trommeln, müssen alle stehenbleiben.

Das Kind, das sich noch bewegt hat, setzt sich zur Spielleitung und sucht sich eine der zuvor bereitgelegten Trommeln aus.
Das Kind darf nun mittrommeln und schaut dabei auf die Spielleitung, um mit ihr gleichzeitig mit dem Trommeln aufzuhören (auf ein Zeichen hin, z. B. Kopfnicken der Spielleitung).
So geht das Spiel immer weiter, bis alle Kinder am Boden sitzen und mit der Spielleitung zusammen trommeln.
Zum Abschluss tanzen alle Kinder mit ihren Trommeln im Kreis herum. Dabei wechseln sie sich ab, wer den Rhythmus beim Trommeln vorgibt. Zum Schluss, auf ein Zeichen der Spielleitung hin, dürfen alle wild durcheinander trommeln.

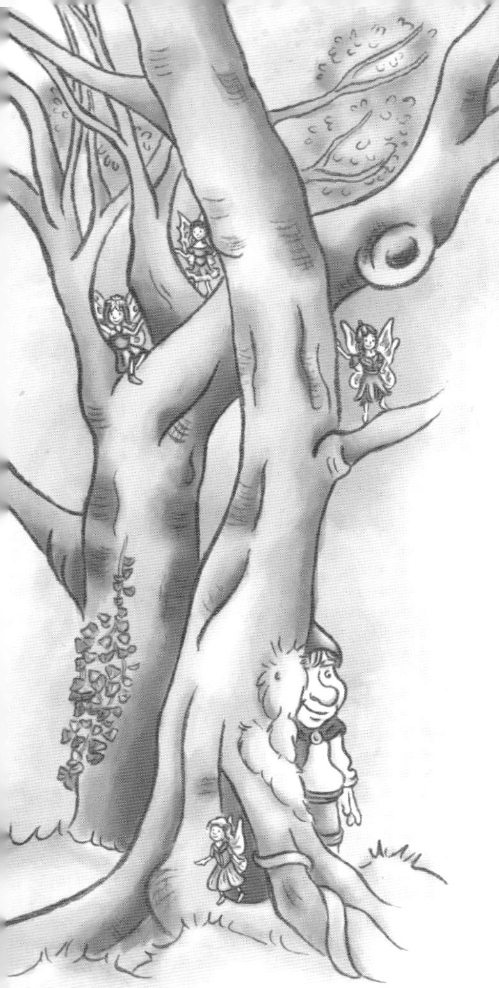

Im Feenwald

C. v. Feyerabend

Eins, zwei – auf und ab,
hier vorbei und zack.
Regen fällt auf eure Gesichter,
die Bäume werden immer dichter,
sie schwanken wie alte Riesen,
da hört ihr ein helles Niesen
und duckt euch unter Busch und Hecke.
War das etwa diese kleine Schnecke?
Ein Lachen schüttelt die Luft
und verbreitet diesen Duft
nach Wärme und Geborgenheit,
eine klein' lange Ewigkeit,
bis euch jemand eine Wurzel,
– holterdiepolterdiepurzel –
direkt vor die Füße schleudert.
He, wer ist das, der da meutert?
Es gibt auch Kobolde im Feenwald -
wartet nur, wir finden euch ziemlich bald!

Blumentopf-Glocke & Kobold-Windspiel

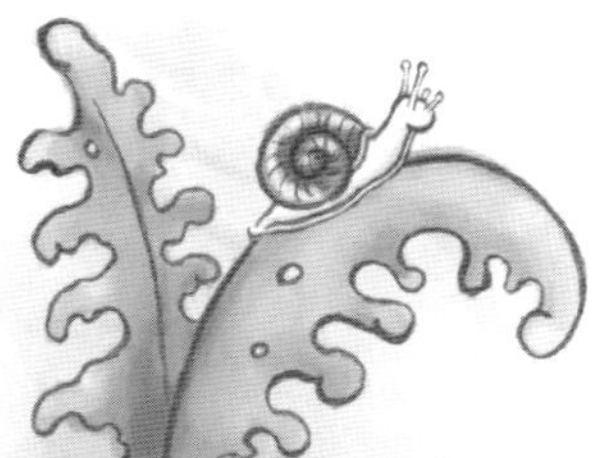

Klangvolles

Manchmal weht der Wind nicht nur Blätter oder Düfte heran, sondern führt auf seinen Schwingen kleine heimliche Wesen mit sich, die auf den Wolken tanzen und gerne kleine Kinder an den dicken Zehen kitzeln. Herbeigewehtes Feenlachen und lustiger Koboldtanz! In diesem Kapitel dreht sich alles um das Glockenklingeln und windbetriebene Geräuschspiele.

Glockenspiel für Eilige

Klong, bong, wer hüpft über den Tisch und stiehlt mir flink den Fisch? Ein Kobold, der frech lacht oder eine Fee, die schreit „Oh weh, oh weh!“

Alter: ab 3 Jahren
Material: Topfdeckel; Pfannen; selbst gebastelte Schlägel; Löffel; Stifte; Kochlöffel

Die Spielleitung hängt die Pfannen und Topfdeckel auf oder legt sie auf den Boden. Sie verteilt die Schlägel oder andere „Schlaginstrumente“ wie Löffel, Stifte oder Kochlöffel an die Kinder. Unter ihrer Anleitung dürfen die Kinder nacheinander Musik damit machen.
Besonders spannend ist es hierbei zu sehen, ob verschiedene Stellen auf den Deckeln oder Pfannen auch verschiedene Töne erzeugen.
Ältere und rhythmusgeübte Kinder können die Funktion eines „Vorklopfers“ übernehmen und sogar einen Kanon daraus machen.

Tipp

Dieses Glockenspiel kann auch mit den Rhythmusspielen und Liedern des Kapitels „Erste Streifzüge durch die Musik“ (➜ S. 5–14) verknüpft werden.

Blumentopf-Glockenspiel

Wenn es den Blumen schwindelig wird, dann hatte sich ihr Blumentopf wohl dazu entschlossen, hoch hinauszukommen! Da die Blumentöpfe für dieses Glockenspiel aufgehängt werden, sollte ein erreichbarer Ast in der Nähe sein.

Alter: ab 3 Jahren
Material: saubere Blumentöpfe aus Ton in unterschiedlichen Größen mit Loch im Boden, unlackiert; Acryl- oder Volltonfarben; Pinsel; Nylonschnüre; Holzstücke; Schlägel; Ast

Die Kinder bemalen die Blumentöpfe von außen mit den Farben und lassen sie trocknen.
Die Holzstücke knoten sie ganz fest an die Nylonschnüre, wobei die Holzstücke so groß sein müssen, dass sie von innen quer über dem Loch im Blumentopfboden liegen und nicht herausrutschen können (➜ Abb.).
Die Kinder ziehen den Nylonfaden durch das Loch und hängen mithilfe der Spielleitung die Tontöpfe an einen Ast. Dabei sortieren sie entweder nach Aussehen oder nach Klang oder überlassen beides dem Zufall!
Mit dem Schlägel entlocken die Kinder den farbenfrohen Blumentöpfen schönste Feen- und Koboldmusik!
Besonders viel Spaß macht es, wenn viele Blumentöpfe aufgehängt wurden und mehrere Kinder gleichzeitig spielen.

Variante

Wenn die Kinder nur kleine, leichte Blumentöpfe wählen, können sie diese auch an einen langen, jedoch stabilen Ast knoten. Dabei die Schnurlänge kurz halten. Den Ast dann auf die Sitzfläche zweier Stühle legen (➜ S. 40).

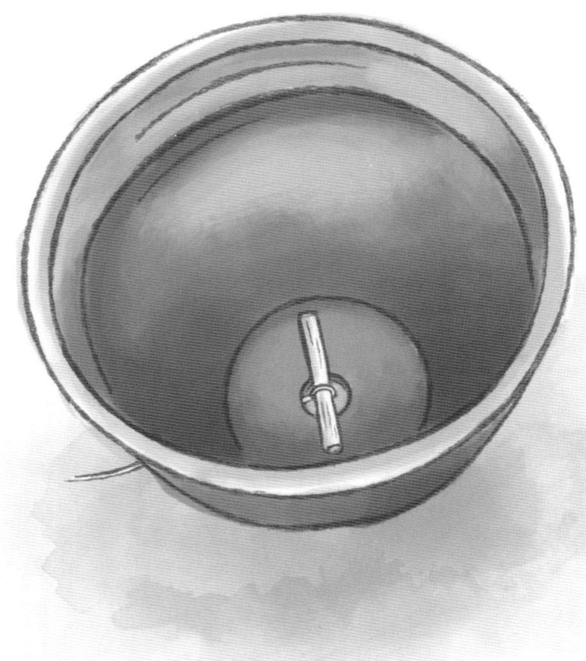

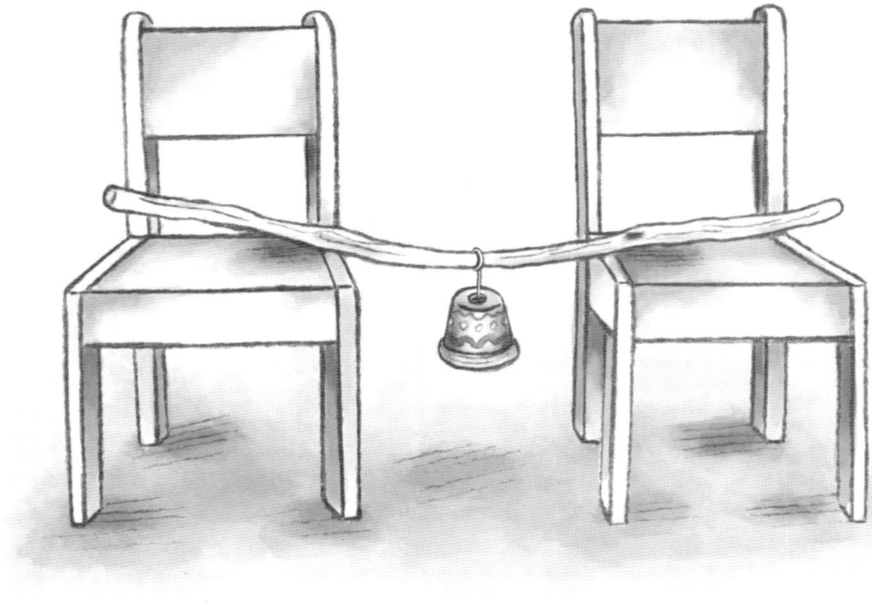

Süß oder frech?

Zart wie eine Fee oder frech wie ein Kobold, welches Kind schlüpft in welche Haut und zeigt, was es sich traut?!

Alter: ab 3 Jahren
Material: Gedicht „Elfisches und Koboldiges" (➔ s. rechts); Glockenspiele oder Topfdeckel; Schlägel (z.B Stift)

Zur Einstimmung schlägt die Spielleitung einzelne Klänge auf den Glockenspielen an und lauscht zusammen mit den Kindern. Die Kinder können erzählen, woran sie diese Geräusche erinnern.
Die Spielleitung versammelt die Kinder um eines oder mehrere Glockenspiele und verteilt an übrig gebliebene Kinder Topfdeckel. Sie liest das Gedicht vor und die Kinder schlagen immer bei dem letzten Wort der Verszeile auf ein Glockenspiel, wie z.B. „Windhauch" und „Bauch".

Variante

Die Spielleitung teilt die Kinder in Gruppen auf. Die eine Gruppe schlägt mit ihren Schlägeln auf das Glockenspiel, wenn sich die Gedichtzeilen um die Fee drehen und die zweite Gruppe, wenn die Kobolde erwähnt werden.

Elfisches und Koboldiges

C. v. Feyerabend

Die eine zart wie ein Windhauch,
der andre hat 'nen dicken Bauch,
die erste tänzelt sanft mit den Schmetterlingen,
der zweite lässt sich Pizza und Pommes bringen.
Die eine ist klein wie 'ne Hand,
der zweite außer Rand und Band.
Doch beide haben eins gemeinsam,
sie sind zusammen und nicht einsam.
Sie wohnen zwischen uns Menschen versteckt
und haben schon manche Streiche ausgeheckt.
Die Fee ist lieblich, süß und frech,
Kobolde haben manchmal Pech,
wenn sie über Schuhe stolpern,
gegen die Wände dumpf poltern.
Dann lachen die Feen hell und klar
und tanzen doch am Ende als Paar.

Blumentopf-Glocke

Eine Blumentopf-Glocke ruft die Bienchen zum Honigfassen und den Bär zum Naschen! Hierbei sollte ein starker Ast oder ein Baum mit tiefen Zweigen in der Nähe wachsen oder hängen!

Alter: ab 5 Jahren
Material: pro Blumentopf-Glocke
3 unlackierte Blumentöpfe aus Ton in drei jeweils kleiner werdenden Größen mit Loch im Boden; Acryl- oder Volltonfarben; Pinsel; Kordel, 1 m lang; 2 Holzperlen mit Bohrung, Ø ca. 25–35 mm; 3 Korken; Handbohrer oder Stricknadeln; evtl. Korkplatte (Durchmesser vom Topfloch abhängig) oder rundes, dünnes Hartholz

Die Kinder bemalen die Blumentöpfe mit lustigen und farbenfrohen Motiven oder Mustern (man sieht jedoch später nur den größten Blumentopf vollständig, bei den anderen beiden sieht man nur die obere Hälfte).
Sobald die Tontöpfe getrocknet sind, knoten die Kinder an ein Ende der Kordelschnur eine der Holzperlen – das wird der Handgriff. Ca. 20 cm weiter knoten sie die zweite Holzperle fest – diese wird später gegen die Seiten des untersten Topfes schlagen und ihn zum Klingen bringen.
Die Kinder durchbohren mithilfe der Spielleitung die Korken, wobei die Löcher so klein sein sollten, dass die Kordel gerade hindurchpasst, jedoch kein Spiel hat.
Die Kinder fädeln den ersten Korken auf die Kordel und schieben ihn über die zweite Holzperle. Das ist die Halterung für den kleinsten Blumentopf, der als Nächstes auf die Kordel kommt, mit der offenen Seite nach unten (➜ Abb.).
Die Kinder schieben den nächsten Korken auf die Kordel und platzieren den nächstgrößeren Blumentopf darüber, sodass sich die beiden berühren, also der untere Teil des ersten Topfes im Inneren des zweiten liegt (wenn später an der Kordel gezogen wird, soll der erste Topf mit seinem Boden gegen die Wände des zweiten schlagen).
Die Kinder fädeln den dritten Korken auf und ziehen den dritten Topf so über die Kordel, dass

auch der untere Teil des zweiten Topfes in den dritten hineinragt.
Die Spielleitung hilft den Kindern, die Blumentopf-Glocken an einem Ast aufzuhängen. Und sobald die Kinder an der untersten Kugel die Kordel hin- und herschwingen, geht's los mit dem wilden Gebimmel!

Tipp

Sind die Löcher in den Topfböden größer als die Korken, schieben die Kinder runde, durchbohrte Korkenplatten oder ein dünnes, rundes Stück Holz darüber.

Flaschen-Glockenspiel

Wer ein Glockenspiel hören will, sollte schleunigst einige Flaschen austrinken und Marmeladengläser leer essen!

Alter: ab 5 Jahren
Material: saubere unterschiedlich große Flaschen und Marmeladengläser; Schlägel (Bastelanleitung ➔ S. 26) oder Teelöffel etc.; Behälter mit Wasser; evtl. Sternzwirn oder Paketschnur

Die Kinder befüllen die Flaschen und Gläser unterschiedlich hoch mit Wasser und schlagen mit Schlägeln oder Löffeln dagegen. Besonders spannend ist es für die Kinder auszuprobieren, wie sich die Töne bei unterschiedlicher Wassermenge verändern. Deshalb einfach einen Behälter zum Nachschütten des Wassers griffbereit dazustellen.
Die Spielleitung hilft den Kindern dabei, die Flaschen und Gläser der Tonhöhe entsprechend zu sortieren.

Varianten

- Die Kinder stellen die Flaschen vor sich hin, blasen über den Flaschenhals und erzeugen auf diese Weise ebenfalls Töne. Dabei blasen sie zu einfachen Liedern wie „Alle meine Entchen“ oder „Hänschen klein“.
- Noch besser klingt das Flaschen-Glockenspiel, wenn die Flaschen hängen, z.B. an einem niedrigen, sehr stabilen Ast. Die Kinder knoten dazu einen reißfesten Faden oder Paketschnur fest um die Flaschenhälse und lassen dabei ein langes Stück zum Aufhängen übrig. Sie füllen nun wieder Wasser in die Flaschen, sortieren sie nach ihrem Klang und hängen sie mithilfe der Spielleitung an den Fäden auf.

Tipp

Hierzu passt auch gut das Spiel „Wassergläser-Musik“ (➔ S. 76)

Fee oder Kobold?

Alter: ab 5 Jahren
Material: selbst gebastelte Glockenspiele

Die Kinder singen zusammen mit der Spielleitung die beiden Lieder (➔ S. 43) und tauschen beim Lied „Auf der Mauer, auf der Lauer“ „*Wanze*“ mit „*Fee*“ und „*Kobold*“ aus sowie bei dem Lied „Ist ein Mann in'n Brunnen g'fallen“ „*ein Mann*“ mit „*'ne Fee*“ und „*'nen Kobold*“.
Die Kinder klatschen zunächst den Rhythmus der Lieder und spielen dann zusammen mit der Spielleitung die Lieder auf den Glockenspielen nach.

Auf der Mauer, auf der Lauer

Text: Volkslied / Melodie: Volksweise

Ist ein Mann in'n Brunnen g'fallen

Text: Volkslied / Melodie: Volksweise

Klang-Garten

Auf den Flügeln des Windes braust ein Lachen herbei – ob Fee oder Kobold, ein lieblicher Klang liegt in der Luft!

Alter: ab 3 Jahren
Material: alles was aus Holz, Metall, Glas oder Blech ist, klingen kann, bruchfest und gut aufzuhängen ist, wie Glöckchen, Marmeladendeckel, Schrauben, Muttern, Holzstücke, Spielfiguren; reißfester Faden; Ast oder Holzstab; evtl. (Holz)Kleiderbügel; Holzstücke

Die Spielleitung unterhält sich mit den Kindern darüber, welche Gegenstände klingen können, wenn sie aneinanderschlagen und sie probieren es gemeinsam aus.
Die Kinder bearbeiten die einzelnen Gegenstände, indem sie (wenn nötig) Löcher hineinbohren und sie an reißfeste Fäden knoten. Dabei reihen sie die Gegenstände auf einem Faden mit jeweils kurzem Abstand untereinander auf, damit sie aneinanderschlagen können.
Die Kinder basteln gemeinsam mindestens zwei solcher Klangspiele.

Die fertigen Klangspiele hängen sie dicht nebeneinander auf, entweder draußen an einem Ast oder an einen Holzstab, den sie ans Fenster oder ins Freie hängen oder an einen Kleiderhaken, den man an eine Gardinenstange oder in einen Baum hängen kann. Pfeift der Wind ums Eck, klingt und klackert der selbst gebaute Klang-Garten!

Ideen für Klangspiele

- Klangspiel aus Bauklötzen und Duplo/Legosteinen
- Klangspiel aus Holzperlen und Glöckchen
- Klangspiel-Elemente farblich sortieren
- Klangspiel-Elemente thematisch (nur Metall, nur Abfallprodukte, nur Funde aus der Natur etc.) sortieren

Variante

Die Kinder knoten mehrere Holzstücke an einem Faden untereinander fest und schließen mit einem größeren Holzstück ab. Die anderen, fertig gebastelten Klangspiele hängen sie in einem Kreis auf, indem sie nebeneinander liegende Äste benutzen oder zwei Kleiderbügel übereinander kreuzen. In die Mitte hängen sie das Holz-Klangspiel. Bewegt man das Holz-Klangspiel, schlägt dieses an die anderen Klangspiele und lässt diese (auch ohne Wind) klingen.

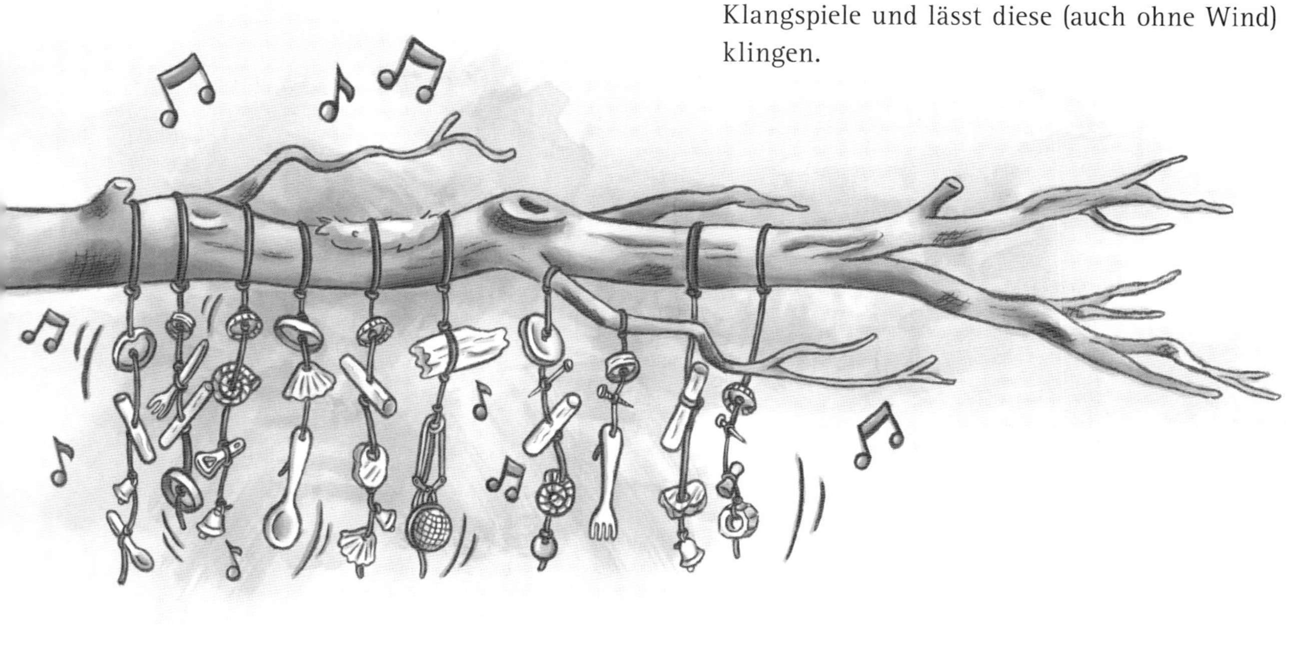

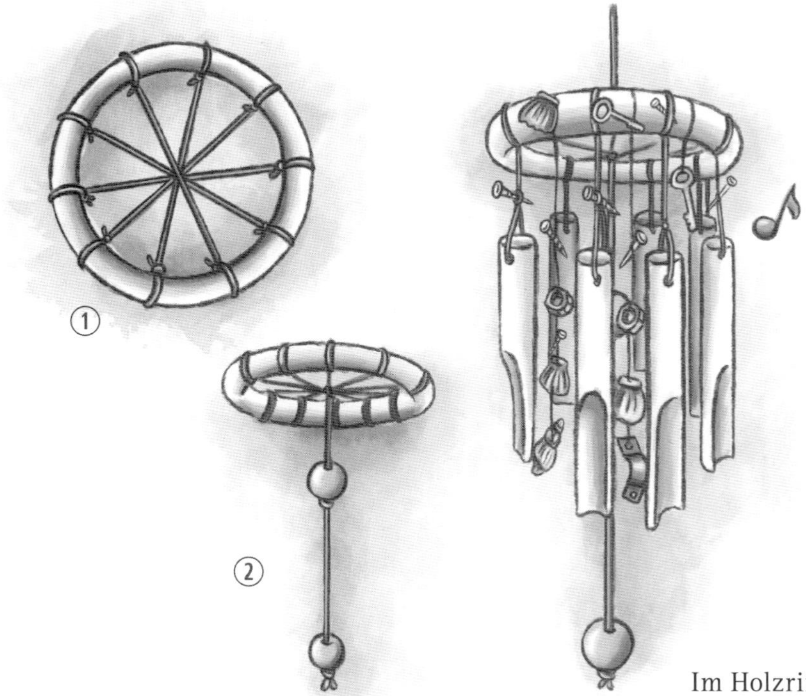

Klangstäbe-Windspiel

War das das Kichern einer Fee, das Poltern eines Kobolds oder spielt da jemand die Harfe? Nein, schuld war nur der Wind, das himmlische Kind aus den Wolken!

Alter: ab 3 Jahren
Material: unterschiedlich lange Klangstäbe; Holz- oder Metallring, Ø ca. 8–10 cm oder spezielle Aufhängung aus dem Bastelladen; Federn; Glöckchen; Glitzerschmuck; Tüll; Metallteile aus dem Werkzeugkasten wie Schellen, Schrauben, Muttern; Holzstücke; durchbohrte Muscheln; Diamantenbohrer; Korken; Besteck; Nylonfaden; Schere; 2 Holzkugeln mit Bohrung, Ø je ca. 25 mm; evtl. dünne, unterschiedlich lange, hohle Bambusrohre oder unterschiedlich lange Äste

Die Klangstäbe gibt es als Set in Bastelgeschäften zu kaufen. Diese sind durchbohrt und haben Fäden zur Aufhängung. Die Kinder ersetzen diese Fäden durch Nylonfäden und befestigen die Stäbe entweder an der speziellen Aufhängung oder knoten sie an den Holz- oder Metallring.

Im Holzring spannen die Kinder einige Nylonfäden sehr straff, die sich alle in der Mitte kreuzen (➔ Abb. 1).
An einen langen Nylonfaden knoten sie eine Holzkugel – das ist das Pendel oder der Griff. 20 cm weiter oben knoten sie eine weitere Holzkugel – diese schlägt gegen die Klangstäbe (➔ Abb. 2).
Diesen letzten Nylonfaden knoten die Kinder in der Mitte des Ringes an den sich überkreuzenden Nylonfäden fest. Sie achten dabei darauf, dass die obere Holzkugel nicht zu weit unten hängt, damit sie an alle Klangstäbe anstoßen kann.
Für ein **Feen-Windspiel** verzieren die Kinder ihr Windspiel z. B. mit Federn, Glöckchen, Glitzerschmuck und Tüll, für ein **Kobold-Windspiel** mit Metallteilen aus dem Werkzeugkasten wie Schellen, Schrauben, Muttern, Holzstücken, durchbohrten Muscheln etc.
Die Spielleitung hilft den Kindern, die Windspiele am Fenster oder draußen aufzuhängen – denn zum Klingen benötigen sie den Wind!

Variante „Holz-Windspiel“

Dafür verwenden die Kinder anstelle der Klangstäbe unterschiedliche Holzstücke (unterschiedlich lang und unterschiedliche Baumarten) oder unterschiedlich lange hohle Bambusrohre.

Blätter-Windspiel

Was raschelt und duftet nach Herbst? Dieses stimmungsvolle Naturspiel lädt zum Träumen ein!

Alter: ab 4 Jahren
Material: bunte, getrocknete Herbstblätter; kleine Äste; Nüsse; Kastanien; Handbohrer; Nadel und Faden; evtl. durchbohrte Perlen und Glöckchen

Die Kinder durchstechen die getrockneten Blätter mit der Nadel und ziehen einen Faden durch. Dabei sollen die Blätter dicht aufeinanderliegen, sodass diese auch rascheln können.
Wer Lust hat, darf das Blätter-Windspiel auch mit den anderen Funden verzieren und zwischendurch ein Stöckchen oder Nüsse reinknoten, den Hauptanteil sollten jedoch die Blätter haben.
Am unteren Ende verknoten die Kinder den Faden oder hängen als Abschluss eine durchbohrte Kastanie an.
Nun ab in den Wind damit: ans Fenster oder gleich ganz raus!

Tipp

Statt der Kastanie können die Kinder als Abschluss auch eine Holzperle oder ein Glöckchen anbringen.

Gong-Windspiel

Die Feen und Kobolde lieben es zu reisen und aus fernen Ländern Andenken mitzubringen – was sie wohl über Asien erzählen können? Für dieses Spiel empfiehlt sich die Anschaffung eines kleinen Tischgongs, da dieser bereits vorgebohrt ist.

Alter: ab 5 Jahren
Material: Tisch-Gong; Nylonfaden; 2 Äste; Handbohrer; Holzstück; einige Perlen

Die Kinder tauschen die Aufhängung des Tisch-Gongs gegen die Nylonfäden aus und verknoten diese an einem langen Ast, sodass der Gong daran „gerade“ hängt.

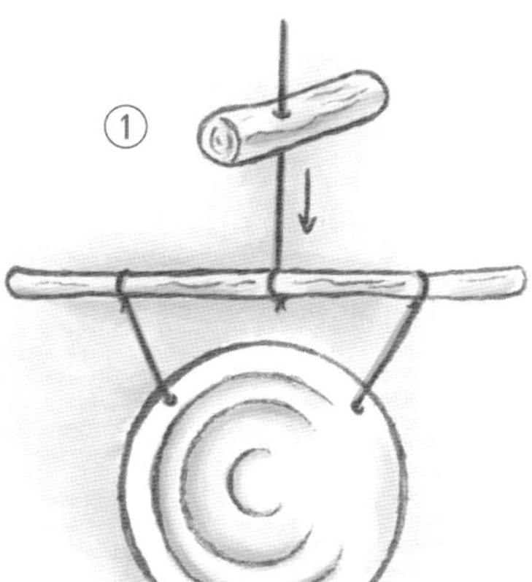

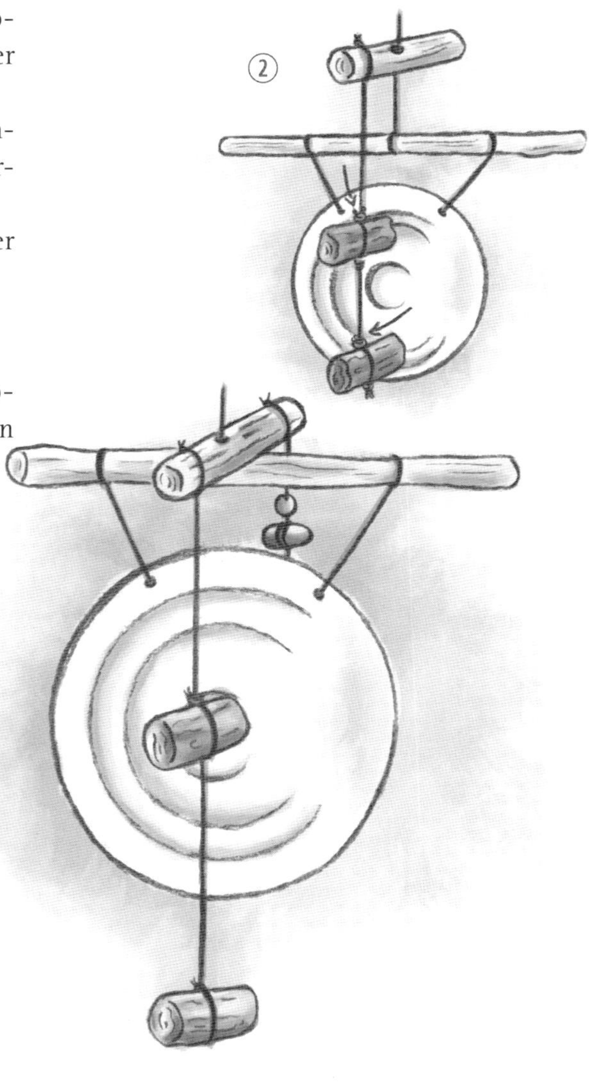

Den zweiten Ast durchbohren die Kinder in der Mitte mit dem Handbohrer. Durch das Loch fädeln sie den Faden, an dem der erste Ast festgeknotet ist (➔ Abb. 1).
An einem weiteren Nylonfaden knoten die Kinder das Holzstück fest und in einem Abstand von 20–30 cm das zweite Holzstück – das soll gegen den Gong schlagen.
Dieser Nylonfaden wird ebenfalls an den zweiten Ast angeknotet und zwar an einem Ende des Astes. Darauf achten, dass der „Schlägel" auch den Gong treffen kann (➔ Abb. 2).
Die Kinder hängen das Gong-Windspiel auf und korrigieren eine etwaige Schräglage, indem sie auf einen weiteren, kurzen Faden Perlen auffädeln oder einen Stein mit dem Faden umwickeln, den sie dann an das andere Ende des zweiten Astes hängen. Wie viele Perlen benötigt werden, müssen die Kinder allerdings ausprobieren.
Das fertige Gong-Windspiel kann am Fenster, an der Tür oder draußen aufgehängt werden!

Konzert der Feen und Kobolde

Können Feen auch Krach machen und Kobolde lieblich tanzen? Wo schlafen Feen und wie schnarchen Kobolde, was essen sie, was träumen sie, wie putzen sie sich die Zähne und wo genau wohnen sie denn nun? Feenflügelmist!

Alter: ab 4 Jahren
Material: Glockenspiele (z. B. Blumentopf-, Klangstab- oder Flaschen-Glockenspiel) und Schlägel (➔ S. 26)

Die Spielleitung fragt die Kinder, wie sie sich das Feen- und Koboldleben vorstellen: z. B. wo wohnen sie, was sind ihre Lieblingsspeisen, was essen sie überhaupt nicht gerne, mit wem spielen sie, haben sie Lieblingsfarben und Lieblingsdüfte? Womit spielen sie gerne und wie sieht überhaupt ein typischer Feen- und Koboldspielplatz aus?
Zum Schluss besprechen sie gemeinsam, welche Figur jedes der Kinder gerne darstellen möchte: eine Fee oder einen Kobold.
Die Spielleitung teilt die Kinder in eine Feen- und in eine Koboldgruppe. Für das geplante Abschlusskonzert dürfen sie sich entsprechend ihrer Rollen verkleiden und schminken.
Die Kinder sitzen in einem Kreis. Im Kreis steht ein ausgewähltes Glockenspiel mit Schlägeln. Ein Kind nach dem anderen tritt vor und erzählt, was sie für das Fest noch alles vorbereiten muss, z. B. schmücken, Kuchen backen, einkaufen, Freunde einladen, Tanzprobe etc.
Nachdem das Kind die Tätigkeit mit Worten beschrieben hat, nimmt es den Schlägel und spielt diese auf dem Glockenspiel nach. Die anderen Kinder können dies zum Glockenspielklang pantomimisch nachahmen.
Nun beginnt das Fest. Die verkleideten und geschminkten Feen und Kobolde begrüßen sich, laufen durcheinander und schütteln sich gegenseitig die Hände.
Der Spielleiter gibt dem ersten Kind einen Topfdeckel mit einem Schlägel in die Hand und bestimmt ein weiteres Kind, das zum Glockenspiel gehen darf und ein kleines Lied darauf spielt. Die anderen Kinder setzen dies als Begrüßungsritual in einen Tanz um. Sobald das Kind mit Topfdeckel mit dem Schlägel darauf schlägt, ist der Tanz zu Ende und ein nächstes Kind darf

auf dem Glockenspiel ein Lied spielen, zudem die anderen Kinder tanzen. Natürlich kann das Topfdeckelkind seinen Topfdeckel auch weiterreichen, wenn es keine Lust mehr dazu hat.

Variante für Kinder ab 5 Jahren

Die Körpermusik (➔ „Musik mit dem ganzen Körper" S. 10) wird zur Hilfe genommen, um das eben beschriebene Glockenspiel zu unterstützen. Die als Kobolde verkleideten Kinder versuchen dabei, frech zu klingen (stampfen, laut klatschen etc.), die Feen legen dagegen Wert auf zarte Töne. Die Feen- und die Koboldgruppe studiert auf diese Weise jeweils einen kurzen Tanz ein, den sie der anderen Gruppe vortanzt – nur mit der Körpermusik.

Papagei oder Bohne?
C. v. Feyerabend

Was knallt da so laut?
Wer hat sich getraut
und macht Lärm für drei?
Ruft die Polizei!
Da lässt einer einfach dreist und frei
erklingen 'ne lärmende Rüpelei!
Jetzt erzähl nicht, das war der Papagei,
der sitzt auf der Stange, legt keck ein Ei
und interessiert sich nicht die Bohne
für den Schuss aus deiner Lärmkanone!

Schellenband & Kastagnetten

Krachmacher

Was wäre eine Kinderwelt ohne Lärm und Krach? Ruhiger – das stimmt, aber so viel unspaßiger! In diesem Kapitel stehen der Lärm und der Wald im Mittelpunkt – hier entstehen außergewöhnliche und effektive Krachmacher und die Kinder erleben eine lustige Zeit zwischen Blätterrascheln und Tröten, die ihnen mit Sicherheit ein Lächeln auf die Gesichter zaubern werden!

Kronkorken-Schepper

Kronkorken sind super! Man kann soo viel daraus basteln, dass die Tage leider immer viel zu kurz sind – ideal für eine lustige Rasselbande!

Alter: ab 5 Jahren
Material: je 12–16 Kronkorken; Brettchen; Nägel, ca. 5 cm lang; Hammer; breiter Pfannenwender aus Holz; evtl. ca. 3 cm lange Holzstücke; Holzbohrer; Draht; Ast ca. 15 cm lang; Holzperlen mit Bohrung, Ø ca. 10–20 mm; Ast in Y-Form

Die Kinder legen die Kronkorken auf eine feste Unterlage (z. B. ein Brettchen) und schlagen mit dem Hammer nacheinander einen Nagel durch drei bis vier Kronkorken, sodass sie die Kronkorken „auffädeln" können. Diesen Kronkorken-Nagel schlagen sie mittig in das breite Ende des Pfannenwenders, sodass noch weitere drei bis vier dieser Kronkorken-Nägel untereinander oder schräg versetzt hinpassen. Fertig ist die weltschnellste Kronkorken-Rassel!

Tipps

- Vorsicht mit den herausstehenden Nägeln!
- Wer möchte, malt die Kronkorken und den Pfannenwender zuvor mit Acrylfarben an.

Varianten

- Die Kinder legen die Kronkorken auf eine feste Unterlage (z. B. ein Brettchen) und schlagen mit dem Hammer nacheinander einen Nagel ein, um sie zu durchlöchern. Sie wickeln den Draht als Griff ein paar Mal um das eine Ende eines ca. 15 cm langen Astes.
- Sie fädeln abwechselnd zwei bis vier Kronkorken, dann eine oder mehrere Holzperlen, dann wieder die Kronkorken etc. auf den Draht, bis die Kette so lang ist, dass sie einen Halbkreis formt und am anderen Ende des Astes wieder rumgewickelt werden kann. Ein schepperndes Vergnügen!
- Die Kinder durchbohren die Kronkorken, ziehen sie auf einen Draht und wickeln die Drahtenden um die Gabelung des Y-förmigen Astes. Auch ziemlich weltschnell!

Variante für Kinder ab 3 Jahren

Anstelle der Kronkorken benutzen die Kinder Holzstückchen und durchbohren diese mit einem Holzbohrer. Diese Holzstückchen kann man für alle drei Varianten, die oben vorgestellt werden, benutzen.

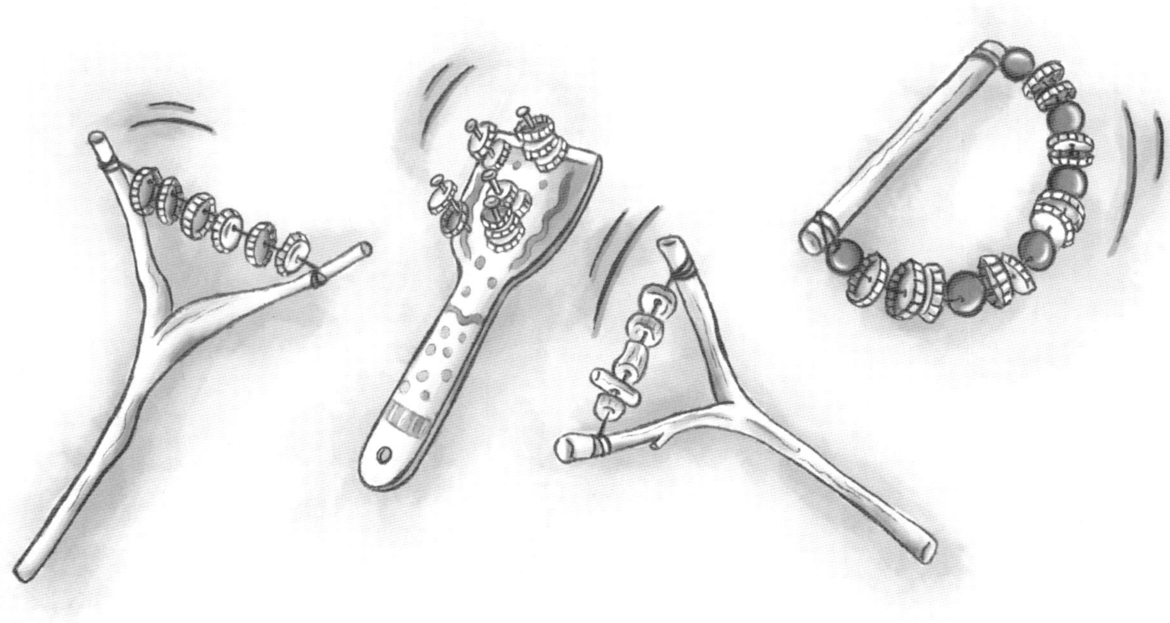

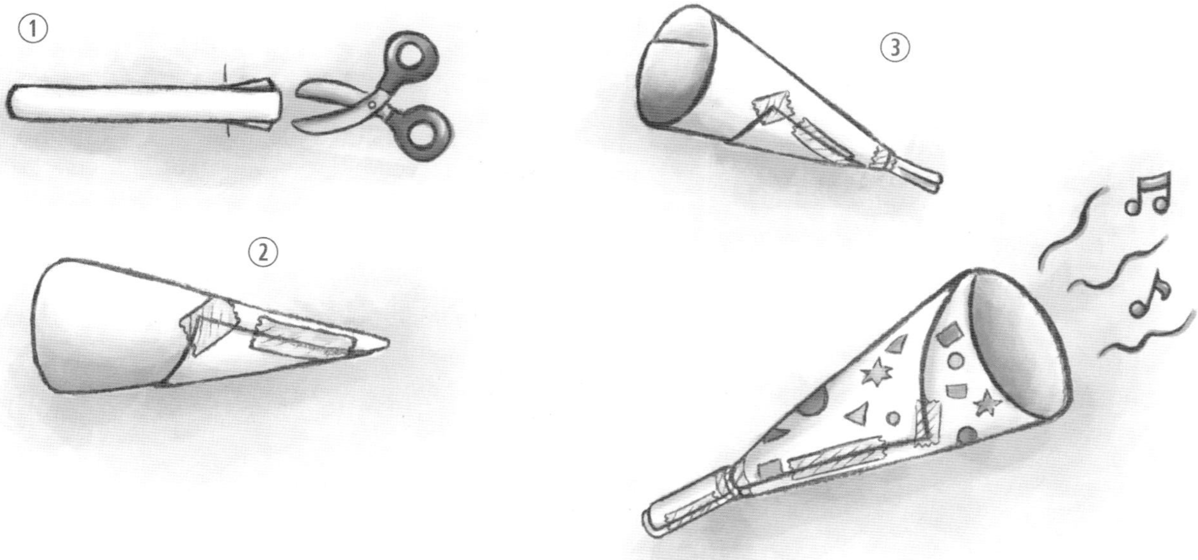

Tröte

Nicht jeder, der trötet, ist automatisch ein Elefant!

Alter: ab 5 Jahren
Material: Plastik-Strohhalm; Lineal; Schere; Tonpapier in beliebigen Farben; Tonkarton; Klebefilm; evtl. Aufkleber

Die Kinder messen mit dem Lineal am Strohhalm eine Länge von 10 cm ab und schneiden ihn dort ab.
Das eine Ende des Strohhalms schneiden die Kinder mit der Schere zweimal ein, sodass zwei Schlitze mit einer Länge von ca. 2–3 cm entstehen (➜ Abb. 1).
Um zu prüfen, ob die Schlitze lang genug sind, um Tröt-Geräusche zu erzeugen, nehmen die Kinder das Ende mit den Schlitzen in den Mund und pusten. Dazu müssen sich die Einschnitte komplett im Mund befinden und die Zunge darf sie nicht berühren.
Wenn kein Ton erzeugt wird, schneiden die Kinder die Einschnitte noch etwas tiefer ein, so lange, bis es klappt.
Die Kinder schneiden Tonpapier auf die Maße 16 × 16 cm zu.
Das Papier rollen sie zu einer Tüte und kleben diese mit Klebestreifen zu (➜ Abb. 2).
Das spitze Ende der Tüte wird abgeschnitten, aber nur so viel, dass der Strohhalm gerade hindurchpasst.
Die Kinder stecken den Strohhalm durch diese Öffnung und kleben ihn mit Klebestreifen fest. Dabei sollen die eingeschnittenen Schlitze außen sein, da sich diese beim Tröten im Mund befinden müssen (➜ Abb. 3).
Mit der Schere schneiden die Kinder den Tütenrand gerade.
Aus Tonkarton schneiden sie ein Rechteck mit den Maßen 8 × 3 cm, das sie so aufrollen, dass die kurze Seite die neue Länge ist (also die 3 cm) und kleben dies mit Klebestreifen fest zu. Das wird das neue Mundstück, das sie mit Klebestreifen an dem großen Tonpapiertrichter fest ankleben.
Die Kinder schieben das Mundstück über den eingeritzten Strohhalm, kleben es an dem Trichter wieder mit den Klebestreifen fest. Fertig ist die Tröte! Wer Lust hat, beklebt sein trötiges Instrument noch.

Tipps

- Je länger der Strohhalm ist, desto tiefer ist der Ton. Die Tröte funktioniert natürlich auch „nur" mit einem eingeritzten Strohhalm ohne dem großen Trichter oder dem Mundstück.
- Für ein unterschiedlich gestimmtes Trötenorchester basteln die Kinder unterschiedlich lange Tröten (mit oder ohne Trichter).

Schellen

Wer denkt, dass Schellen nur für Schelme sind, der hat noch nie eine Besenstiel-Schelle in Händen gehalten. Spaß frei für alle!

Alter: ab 5 Jahren
Material: Hand-Schellenstab:
9–30 Kronkorken; Hammer; lange Nägel; Leiste oder Rundholz, ca. 20, 30 oder 50 cm lang; Glöckchen; Faden; Holzkugeln mit Bohrung in beliebiger Größe (der Nagel sollte durch die Bohrung durchpassen).
Schellenstock: alter Besenstiel oder langer Stock; Filz-, Leder- oder Stoffrest; Schere; kurze Nägel; Kronkorken; lange Nägel.
Schellenband: ca. 20 Kronkorken; Nagel; Hammer; Faden. **Socken-Schellenband:** alte oder Single-Socken; Schere; Schellen (Glöckchen); Nadel und Faden

Für einen **Hand-Schellenstab** schlagen die Kinder mit dem Hammer die Kronkorken platt – fertig sind die Schellen! Mit den Nägeln spießen sie drei bis fünf Kronkorken auf, indem sie unter Aufsicht der Spielleitung mithilfe von Hammer und Nagel Löcher hineinschlagen (➜ Abb. 1). Für eine kurze Leiste von 20 cm werden drei solcher Schellen-Nägel benötigt; je länger der Stab, desto mehr Nägel und je länger der Nagel, desto mehr Kronkorken – diese brauchen jedoch Platz, um sich darauf bewegen zu können!
Die Kinder schlagen mit dem Hammer auf der kurzen Seite der Leiste die Schellen-Nägel auf beiden Seiten versetzt ein, wobei sie oben und unten je ein Stück von ca. 5 cm frei lassen. (Das obere Ende braucht man zum Anklopfen, das untere zum Festhalten). Dabei darf der Nagel nur so weit reingeschlagen werden, dass sich die Kronkorken noch frei bewegen können (aufpassen, ob der Nagelkopf austritt), um aneinanderzurasseln (➜ Abb. 2).
Mit den fertigen Hand-Schellenstäben schlagen die Kinder in ihre freie Hand oder halten diese mit der einen Hand fest und klopfen mit der freien dagegen.
Für einen **Schellenstock** schneiden die Kinder ein Stück Filz, Leder oder dicken Stoff so zurecht, dass es auf das untere Ende eines Besenstiels passt und nageln es dort an (damit wird der Boden beim späteren Aufstampfen geschont; wenn der Schellenstab für draußen ist, kann man das auch gerne weglassen). Die Kronkorken werden wie bei der Anleitung für den Hand-Schellenstab (➜ links) beschrieben mit den Nägeln eingeschlagen. Dabei kann man direkt oben an der Spitze anfangen. Wenn die Kinder Lust haben, befestigen sie noch Glöck-

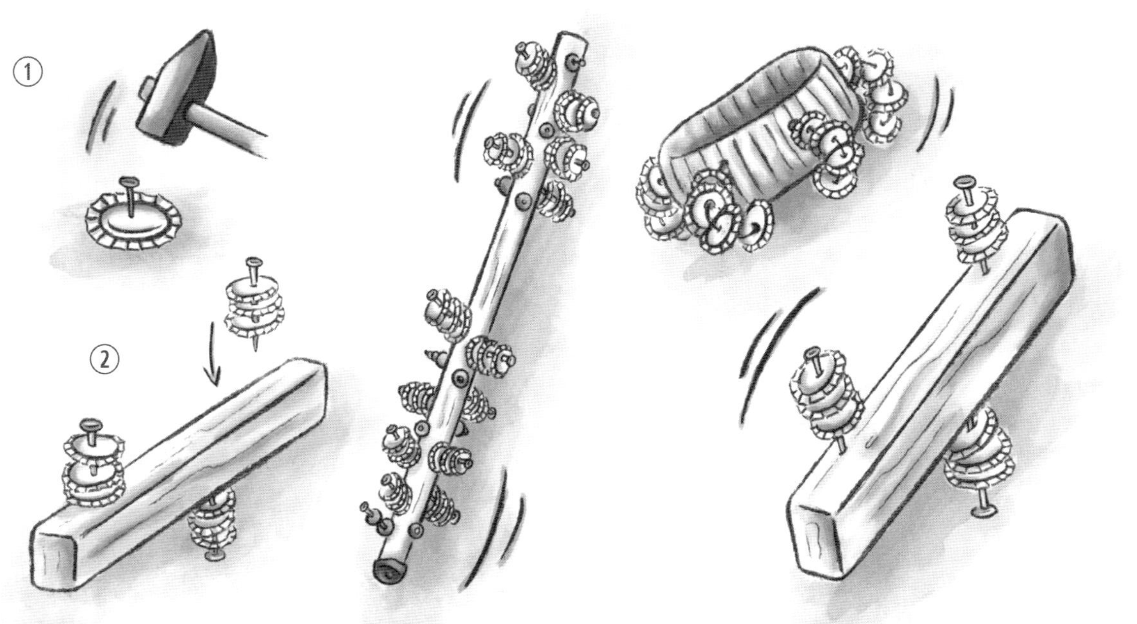

chen und Holzkugeln an dem Besenstiel. Die Kinder können die Nägel dabei spiral- oder kreisförmig um den Stiel herum verlaufen lassen oder sich selbst Muster ausdenken – dabei nur beachten, dass man einen kompletten freien Bereich von 15–20 cm zum Festhalten mit der Hand benötigt. Und auf geht's – frisch im Rhythmus aufgestampft!

Für ein **Schellenband** durchlöchern die Kinder ca. 20 Kronkorken mit dem Nagel und einem Hammer und fädeln durch alle einen Faden durch. Die Kinder knoten das Schellenband um das Hand- oder Fußgelenk und los geht's mit dem scheppernden Tanz!

Ein **Socken-Schellenband** entsteht, wenn die Kinder das Bündchen bzw. den oberen Teil einer Socke abschneiden, Schellen annähen und diese über das Hand- oder Fußgelenk ziehen. Fertig ist das Schellenband, mit dem es sich super tanzen lässt!

Kling, Glöckchen, klingelingeling

Text: Volksweise / Melodie: Theodor Enslin

2. Kling, Glöckchen, klingelingeling,
kling, Glöckchen, kling!
Mädchen hört und Bübchen,
macht mir auf das Stübchen,
bring' euch milde Gaben,
sollt' euch dran erlaben.
Kling, Glöckchen, klingelingeling,
kling, Glöckchen, kling!

3. Kling, Glöckchen, klingelingeling,
kling, Glöckchen, kling!
Hell erglühn die Kerzen,
öffnet mir die Herzen,
will drin wohnen fröhlich,
frommes Kind, wie selig.
Kling, Glöckchen, klingelingeling,
kling, Glöckchen, kling!

Das Möpschen

Text und Melodie: C. v. Feyerabend

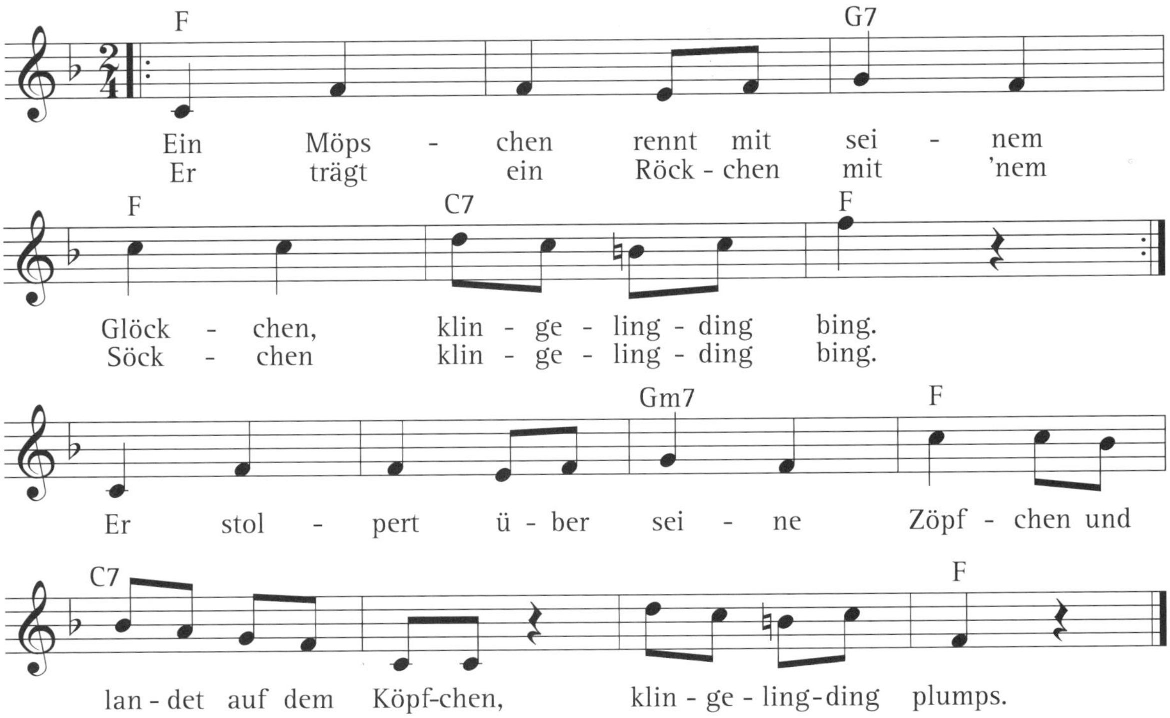

Schellenspiel

Alter: ab 4 Jahren
Material: selbst gebastelte Schellen

Die Kinder unterhalten sich mit der Spielleitung über das Schellengeräusch, wo sie so etwas schon mal gehört haben, wo es vorkommt und spielen die unterschiedlichen Schellenklänge nach.

Sie singen gemeinsam mit der Spielleitung die Lieder und schellen dabei den Rhythmus mit ihren Schellen – beim Lied „Kling, Glöckchen, klingelingeling" (➜ S. 53) während des gesamten Liedes.

Beim Möpschen-Lied klingeln die Kinder immer erst bei „klingelingdingbing". Beim letzten „klingelingding-plumps" lassen die Kinder beim „plumps" die Glöckchen auf den Boden fallen.

Schmuck-Schellenband

Schön ist, was ziert, gefällt und in diesem Fall auch klingelt.

Alter: ab 4 Jahren
Material: verschiedenfarbige, dicke Wollfäden, zwischen 30–60 cm lang; kleine Perlen; Glöckchen

Die Kinder suchen sich drei Wollfäden aus, verknoten diese an einem Ende, sodass noch ca. 3 cm übrig sind, binden es fest (z.B. an einem Stuhlbein) und flechten und verknoten es. Während des Flechtens fädeln sie Perlen und Glöckchen auf.
Das fertige Schellenband befestigen die Kinder an Taschen, Kleidern, am Fahrrad oder mit einem Clip im Haar.
Für ein dickeres Band stellen die Kinder zunächst drei gleich lang geflochtene Bänder her und flechten aus diesen drei ein neues – nun dickeres – Flechtband.

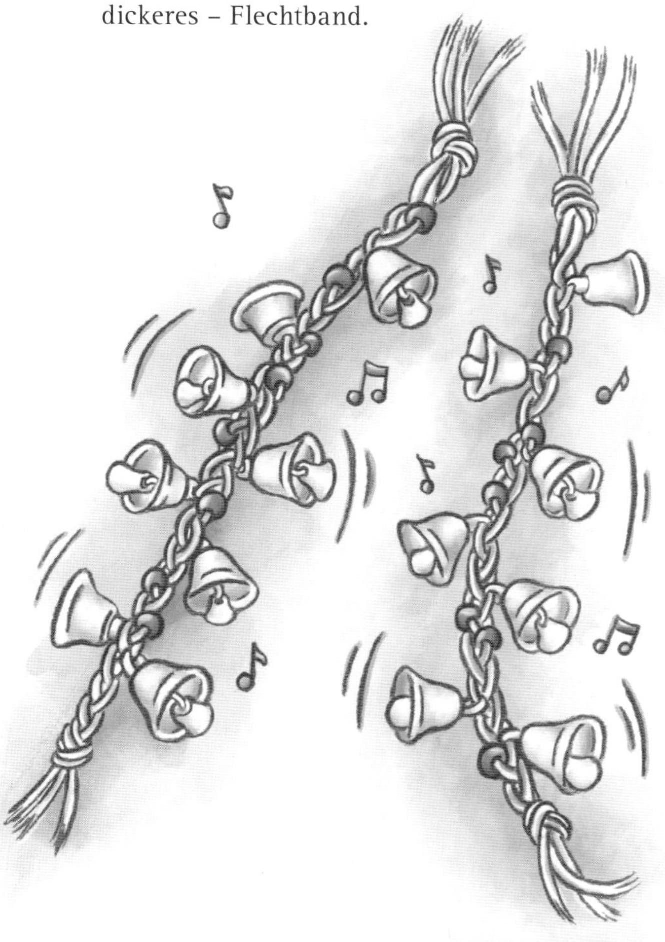

Blitzschnelle Kastagnetten

Nicht nur Eichhörnchen wissen eine gute Nuss zu schätzen, aber ob sie damit auch Musik machen können?

Alter: ab 3 Jahren
Material: Walnuss-Kastagnetten:
je 2 Walnusshälften; Farben; Pappstreifen, ca. 4 cm breit, 12–16 cm lang (je nach Kinderfingerlänge); Schere; Klebstoff; Nadel; Woll- oder Bastfaden, ca. 15 cm lang.
Schraubdeckel-Kastagnetten:
2 Schraubgläserdeckel; Dosenöffner; dünnes Gummiband. **Holz-Kastagnetten:** 3 dünne Stücke Basalholz à 4×6 cm; Stricknadel; Schere; flacher, dünner Holzstab; Gummiband

Für die **Walnuss-Kastagnetten** bemalen die Kinder die beiden Walnusshälften jeweils von außen. Den Pappstreifen knicken sie genau in der Mitte und bemalen ihn. Die Kinder kleben jeweils an beiden „inneren" Enden eine Walnusshälfte auf, sodass die Schalen aufeinandertreffen, wenn sie den Pappstreifen zwischen Daumen und Zeigefinger nehmen und zusammendrücken (➔ Abb. 1, S. 56). Nach Wahl können die Kinder noch eine Fingerschlaufe basteln. Dazu stechen sie mit der Nadel unter der einen Walnusshälfte nebeneinander zwei Löcher in den Pappstreifen und ziehen dort einen Woll- oder Bastfaden hindurch, den sie verknoten (➔ Abb. 2, S. 56). Jetzt hat der Zeigefinger einen guten Halt!
Für die **Schraubdeckel-Kastagnetten** bohren die Kinder mithilfe der Spielleitung mit dem Dosenöffner je ein Loch an den Rand jedes Dosendeckels, durch das sie das Gummiband ziehen, sodass die Wölbung nach innen liegt. Dabei sollen die beiden Deckel eng aneinander liegen, aber noch etwas Spiel haben. Die Kinder nehmen die beiden Deckel zwischen Dau-

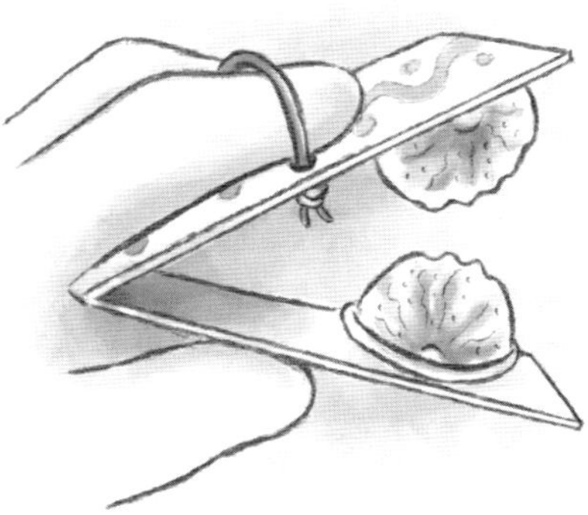

men und Zeigefinger. Durch Zusammenpressen der Finger klappern die Deckel aufeinander.

Für die **Holz-Kastagnetten** legen die Kinder die drei Holzstücke der Länge nach aufeinander. Im unteren Teil der Holzstücke bohren die Kinder mit der Stricknadel je zwei nebeneinanderliegende Löcher. Hier soll später das Gummi durchgezogen werden und die Holzstücke zusammenhalten. In das mittlere Holzstück stechen die Kinder mit der Schere an der unteren Seite, an der auch die Löcher liegen, einen Ritz ein, in den das Holzstäbchen passt. Bevor das Holzstäbchen endgültig reingesteckt wird, streichen die Kinder etwas Klebstoff auf den Schlitz und das Holzstäbchen (➔ Abb. 3).

Nach dem Trocknen ziehen die Kinder das Gummiband durch die Löcher, sodass jeweils auf jeder Seite ein frei bewegliches Holzstück angebracht ist. Fertig ist der Krachmacher, der besonders gut für die kleinen Kinder geeignet ist, damit rumzulärmen!

Klanghölzer

Klonk, Klonk, Klonk – einer der schönsten und effektivsten Weisen, musikalischen Krach zu erzeugen!

Alter: ab 5 Jahren
Material: je 2 trockene dicke Astabschnitte eines heimischen Hartholzes wie Lingusterhecke, Flieder oder Sanddorn; Messer; feines Schleifpapier; evtl. Acrylfarben und Pinsel

Die Kinder schaben mithilfe der Spielleitung mit dem Messer die Rinde von den Ästen ab und schleifen die Enden mit dem Schleifpapier glatt. Dann lassen sie die Klanghölzer trocknen. Das kann je nach Holzart und Dicke zwischen wenigen Tagen und einigen Wochen dauern. Direkte Sonneneinstrahlung oder zur kälteren Jahreszeit auch Trocknen bei der Heizung ist hilfreich. Nun können die Kinder die Klanghölzer zusammenschlagen und Spaß dabei haben! Je nach Dicke, Holzart und Länge variieren die Töne!

Krachmacher aus dem Wald

Auch die Waldtiere stehen auf Musik – dafür schnappen die sich, was so auf dem Waldboden herumliegt – was durchaus zur Nachahmung einlädt!

Alter: ab 3 Jahren
Material: Tannenzapfen; Stöckchen (oder Metalllöffel); Steine; evtl. Schnitzmesser

Die weltschnellste **Ratsche** basteln die Kinder, indem sie Tannenzapfen auflesen und mit einem Stöckchen oder einem Metalllöffel am Zapfen entlang ratschen.
Die Kinder nehmen zwei größere Steine in die Hand und schlagen diese aufeinander – fertig ist das weltschnellste **Schlaginstrument**.

Erweitern kann man das Naturschlagzeug, indem die Kinder einen Holzstumpf suchen, daneben einen Blätterhaufen zusammensammeln, unterschiedlich große Steine und Holzstücke in Reichweite legen und nun alles mit einem Stock „bespielen"!

- eine Handvoll Kieselsteine auf Blätter oder Holz rieseln lassen.
- Blätterhaufen-Tanzen (zuvor schauen, ob nichts Spitzes darunter lauert)
- Nach Regen bieten sich Pfützen als Geräuscherzeuger an, durch die man rhythmisch stampfen kann (wenn dementsprechend bekleidet) oder Steine hineinwerfen.

Variante für Kinder ab 5 Jahren
Die Kinder schnitzen mithilfe der Spielleitung mit einem Messer in ein Stöckchen dicht hintereinander Kerben. Ein Ratschgeräusch entsteht, wenn die Kinder mit einem weiteren Stöckchen darüber fahren.

Ratschen

Ratschen findet man nicht nur auf dem Waldboden – allerdings sollten sich Lärmempfindliche die Ohren zuhalten!

Alter: ab 3 Jahren
Material: Waschbrett; Schneebesen; Fingerhüte, Metallkamm oder Metalllöffel; evtl. Leiste oder Rundstab, ca. 20 cm lang; Feile; feinkörniges Schleifpapier

Die Kinder reiben entweder mit ihren Fingernägeln rhythmisch über das Waschbrett, benutzen den Schneebesen, setzen dabei Fingerhüte auf die Fingerspitzen, benutzen einen Metallkamm oder einen Löffel (bei den letzten drei Varianten bitte bei den kleinen Musikern aufpassen).
Spannend für die Kinder ist es dabei auszuprobieren, mit welchen Gegenständen sie über die Ratschen fahren können und welcher Klang dabei entsteht, bzw. welcher Klang nicht entsteht (mit weichen Gegenständen).

Tipp

Günstige Waschbretter findet man auf Flohmärkten. Haben die Kinder gerade kein Waschbrett griffbereit, verwenden sie eine Fischdose mit Rillen am Boden oder eine gerillte Dose, an der sie auch entlang ratschen können.

Variante für Kinder ab 5 Jahren

Für eine **Holzratsche** feilen die Kinder zahlreiche Kerben in eine Leiste. Am oberen und unteren Ende lassen sie dabei ca. 5 cm frei. Damit keine gefährlichen Unebenheiten entstehen, schleifen die Kinder die Kerben mit Schleifpapier ab – fertig ist die Holzratsche!

Waldkobold

Ein Knarzen und Knarren – ein Kobold, der mit der Türe knarzt. Oder was für Geräusche entdecken die Kinder beim Waldkobold-Spiel?

①

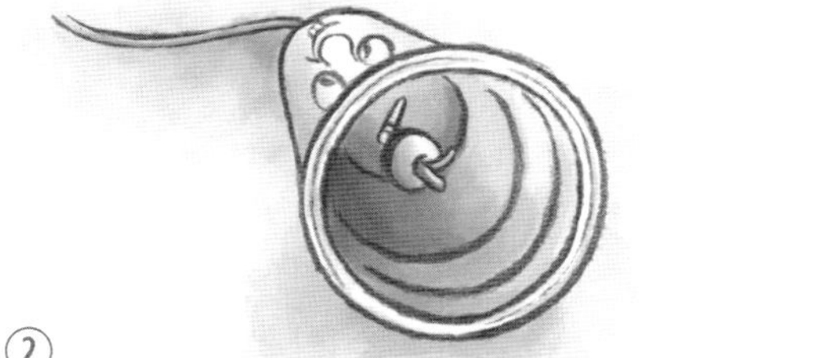

②

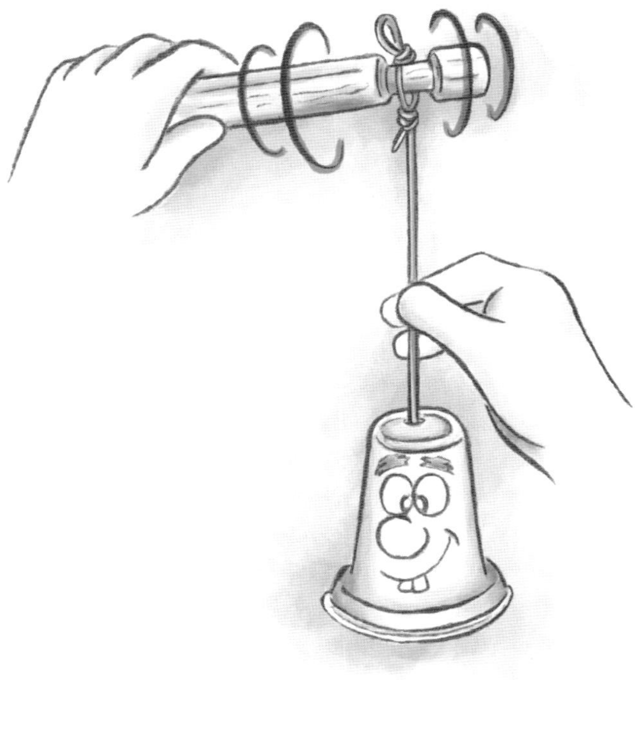

Alter: ab 5 Jahren
Material: je 1 sauberer Joghurtbecher; Acrylfarben; Pinsel; Schere; Nylonfaden; Holzperle mit Bohrung, Ø ca. 5–10 mm; Rundstab, Ø ca. 1 cm, 15 cm lang; Cutter; Kolophonium (aus dem Musikgeschäft) oder Harz

Die Kinder malen den Joghurtbecher mit Acrylfarben an.
Nach dem Trocknen der Farbe durchstechen die Kinder den Boden des Joghurtbechers vorsichtig mit der Schere.
Sie fädeln den Nylonfaden durch das Loch und knoten die Perle sehr fest an. Diese soll später im Inneren des Joghurtbechers liegen und den Becher festhalten (➜ Abb. 1, S. 58).
Mit einem Cutter ritzen die Kinder mithilfe der Spielleitung am obere Ende des Rundstabes rundum eine ca. 1 cm breite Rille ein.
In die Kerbe reiben die Kinder das Kolophonium oder das Harz (➜ Abb. 2, S. 58).
Das freie Nylonfadenende knoten sie mit zwei Knoten übereinander zur Schlinge und legen sie über den Holzstab in die Kerbe.
Die Kinder halten mit der einen Hand den Joghurtbecher fest, mit der anderen den Stab. Den Faden halten sie straff gespannt. Wenn sie den Holzgriff drehen, ertönt ein knarzendes Geräusch – fertig ist der Waldkobold!

Tipps

Die Kinder können verschiedene Geräuschvarianten testen:

- unterschiedliche Fadenlängen ausprobieren
- das offene Ende des Bechers mit der Hand zuhalten
- den Becher über dem Kopf am Stöckchen im Kreis herumschleudern (aber Vorsicht – Abstand halten!)

Waldsurrer

Aah – die Brummsummer, die Hummeln kommen! In Deckung!

Alter: ab 5 Jahren
Material: je 1 Korken; Cutter oder Schere; 1 Holzwäscheklammer (in beide Hälften zerlegt); Tonpapier; Stift; Acrylfarben in Schwarz und Gelb; Pinsel; Klebstoff; Paketschnur, ca. 60 cm lang; Holzperle mit Bohrung; Gummiband

Die Kinder schneiden mithilfe der Spielleitung mit dem Cutter ein ca. 0,5 cm dickes Stück vom Korken ab. Diese Korkscheibe halbieren sie, ebenfalls mithilfe der Spielleitung und dem Cutter.
Die Kinder legen eine Wäscheklammer auf das Tonpapier und zeichnen die Länge ab. Das soll die Mitte werden für die Hummelflügel! Die Kinder falten das Papier an dieser Linie und schneiden Hummelflügel aus (sehen aus wie lange Schmetterlingsflügel) – wobei sie nur so lang sein sollen, wie die Wäscheklammer lang ist (➜ Abb. 1, S. 60).
Mit den Farben malen die Kinder die gelbschwarzen Hummelstreifen auf die Wäscheklammer. Während die Klammern trocknen, kleben die Kinder die Schnur in die Mitte der Flügel, sodass noch ein langes Stück an einer Seite rausschaut. Am Ende knoten die Kinder zum Festhalten eine Holzperle an.
Die Kinder legen beide Holzwäscheklammerteile der Länge nach vor sich auf den Tisch, sodass die glatten Seiten nach innen zeigen.
Die gewellten Seiten liegen nach außen und die Kinder kleben den halben Korken mit der flachen Seite jeweils auf die beiden mittleren Rundungen (je nach Modell sind die Stellen auch glatt – der Korken soll in der oberen Hälfte kleben (➜ Abb. 2, S. 60) .

Die Kinder falten die Flügel zusammen und kleben die Wäscheklammern mit den glatten Seiten jeweils rechts und links an, sodass die Flügel in der Mitte beider Wäscheklammerhälften liegen.

Das Gummiband spannen die Kinder außen herum, sodass es über die Korken rundherum führt.

Die Kinder suchen sich Platz, schleudern die Hummel über ihren Köpfen im Kreis und probieren verschiedene Geschwindigkeiten aus! Wer mag, singt dazu: „Summ summ summ, 'ne Hummel summt herum."

Tipp

Je nach Thema und Jahreszeit können die Kinder aus dem Modell auch Libellen, Halloween-Gespenster, Fledermäuse oder Vögel basteln.

①

②

Waldkonzert

Auf geht's zu einem knalligen Abschlusskonzert! Laut geht immer und noch lauter vielleicht auch!

Alter: ab 3 Jahren
Material: alle Krachmach-Instrumente

Die Spielleitung unterhält sich mit den Kindern darüber, was für Tiere im Wald leben, welche Pflanzen dort zu finden sind und ob es wohl Waldgeister gibt und wie diese aussehen. Was ist typisch für einen Baumgeist, einen Wasserkönig, eine Nixe, Blumenelfe, einen Steingnom oder ein Pilzmännchen? Wie feiern die genannten Tiere und Wesen wohl ein Waldfest? Was gibt es zu Essen, wie sehen die Tänze aus, was für Musik wird gespielt, wer unterhält sich wohl mit wem und gibt es Vorführungen oder ein Waldorchester?
Die Kinder suchen sich etwas aus, was sie gerne verkörpern wollen und verkleiden und schminken sich entsprechend.

Entweder studiert die Spielleitung zusammen mit den Kindern einen Waldreigen ein oder ältere Kinder ergreifen selbst die Initiative, nachdem die Spielleitung etwas zu der Besonderheit eines Reigens erklärt hat: Die Kinder stehen sich in zwei Reihen gegenüber und alle machen gleichzeitig die gleichen Bewegungen.
Je nachdem, welche Tiere und Wesen vertreten sind, kann man vielleicht etwas Typisches mit einbauen, z.B.:
Eichhörnchen: hüpfende Schritte
Blumenelfe: im Kreis drehen und dabei auf den Zehenspitzen stehen
Baumgeist: auf einem Bein stehen und die Arme über dem Kopf in die Luft strecken
Je nach Alter der Kinder kann der Reigen von wenigen, sich immer wiederholenden Bewegungen bis zu einem längeren Tanz ausgebaut werden.
Um den Tanz musikalisch zu untermalen, teilen sich die Kinder zuvor in zwei Gruppen auf, wobei die eine Hälfte tanzt und die andere dazu mit den Krachmachern musiziert.

Kindergartenalltag

C. v. Feyerabend

Ein Piepen, ein Kreischen,
ein Schleudern, ein Feixen,
ein Tönen, ein Johlen,
ein Flüstern, verstohlen.
Ein Quietschen, ein Heulen,
ein Tanzen, Verbeulen,
ein spaßiger Tag im Kindergarten,
da kann man kaum den nächsten abwarten!

Schlauchtrompete & Strohhalm-Flöte

Luftig Tönendes

Durch die bloße Kraft der Fantasie wird aus einem Karton eine Burg, aus einer Socke ein Drache und aus den Kindergartenfreunden werden spannende Mitstreiter in einem Spiel, bei dem eine Baustelle vom bösen Zauberer Müllnix befreit wird. In diesem Kapitel basteln die Kinder Flöten, Quietscher und Schleuderinstrumente und erfinden ein Hörspiel. Viel Spaß!

Grashalmquietschen

Die Jäger sollen mithilfe eines Grashalmes Rehgeräusche nachgeahmt haben, um Hirsche anzulocken. Schrill, schräg und doch so einfach – wie die meisten schöne Dinge im Leben, oder?!

Alter: ab 4 Jahren
Material: breiter Grashalm

Die Kinder legen ihre beiden Daumen locker aneinander, sodass in der Mitte der beiden Finger eine Lücke offen bleibt – ausprobieren!
Den Grashalm legen die Kinder der Länge nach genau zwischen beide Daumen, also auf diese Lücke, sodass rechts und links neben dem Halm Platz ist. Dabei den Grashalm straff halten!
Die Kinder legen ihren Mund auf den Halm, pusten, sodass der Grashalm vibriert. Und nun üben, üben, üben!

Kammblasen

Wer einen Kamm und ein Stück Butterbrotpapier hat, kann schon bald als Musiker in die weite Welt hinausziehen! Etwas Übung ist allerdings nötig!

Alter: ab 5 Jahren
Material: Kamm; Butterbrot- oder Seidenpapier

Die Kinder spannen das Butterbrotpapier auf einen Kamm – aber nur leicht, es muss noch vibrieren können. Dazu schlagen sie das Papier einfach großzügig darüber, sodass der Kamm wie ein Sandwich zwischen beiden Seiten liegt. Der Papier-Bruch soll dabei zu den Kammzähnen zeigen und die offene Papierseite zum Kammrücken.
Die Kinder sprechen oder singen an das Butterbrotpapier, indem sie ihre Lippen daran drücken und Laute wie z. B. „Uhs“ oder „Ahs“ benutzen.

Strohhalm-Flöte

Alter: ab 4 Jahren
Material: breite, stabile Strohhalme, evtl. mit Knick; Schere oder Cutter; evtl. Papier, Klebefilm; Stift; evtl. Schmirgelpapier

Die Kinder drücken ein Ende des Strohhalms von beiden Seiten mit der geschlossenen Schere platt.
Sie schneiden den platten Teil mit der Schere auf beiden Seiten ca. 1–1,5 cm ein. Nun liegen zwei Strohhalm-Blätter aufeinander – wie bei einer Oboe zwei Rohrblätter (➜ Abb. 1).
Dann plätten die Kinder den eingeschnittenen Teil erneut und schneiden einen ca. 1– 2 mm breiten Streifen vom Ende ab (➜ Abb. 2).
Die Kinder nehmen das plattgedrückte Ende so weit in den Mund, dass man von den Schnitten nichts mehr sieht. Dabei pressen sie die Lippen so aufeinander, dass sie selbst nur noch als schmale Streifen zu sehen sind. Sie pusten kräftig hindurch und bringen dabei die eingeschnittenen Stellen im Mund zum Schwingen. Der Klang erinnert an eine Oboe (diese wiederum an eine Ente).

Variante

Verwenden die Kinder einen Strohhalm mit Knick, lassen sie diesen ungeplättet und schneiden das andere Ende ein. Beim Pusten ziehen die Kinder den Knick lang oder wieder zusammen und verändern auf diese Weise den Ton.

Variante für Kinder ab 5 Jahren

Die Kinder markieren mit dem Stift sieben Löcher auf der oberen Seite des Strohhalms. Das erste Loch zeichnen sie mit einem Stift-Punkt ca. 2 cm nach dem platt gedrückten Mundstück ein. Die nächsten sechs Punktemarkierungen folgen in einem Abstand von ca. 1–1,5 cm. Die Kinder schneiden die Löcher auf, indem sie den Strohhalm in die linke Hand nehmen und mit Daumen und Zeigefinger die Stelle des zuletzt markierten Lochs etwas flach pressen, sodass sie es mit dem Cutter ausschneiden können. Es soll dabei eine Größe von ca. 0,5 cm haben. Das machen die Kinder nun mit allen Löchern. Mit dem Schmirgelpapier schleifen die Kinder die aufgeschnittenen Löcher glatt und fertig ist die Flöte! Das Reinpusten funktioniert auf die gewohnte Weise, nun legen die Kinder die Finger beider Hände auf die Löcher und probieren aus, was für Töne sie erzeugen können, wenn sie das eine oder andere öffnen.

Panflöten

Der Hirtengott Pan schnitzte sich seine aus Schilfrohr und bestritt damit einen Musikwettstreit – die Kinder können sich Strohhalme nehmen und sich später streiten!

Alter: ab 4 Jahren
Material: je 8 dicke, breite Strohhalme; Schere; Klebefilm; evtl. Elektrorohr, Ø 16 mm, 1 m lang (aus dem Baumarkt); evtl. Knetgummi oder Wachs und Isolierband

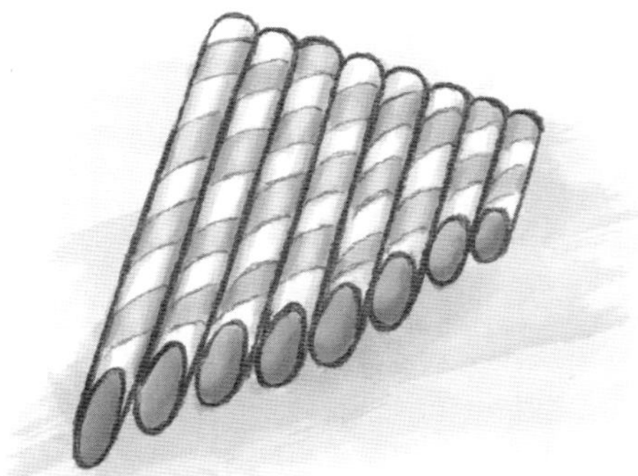

Die Kinder schneiden je acht Strohhalme schräg in unterschiedlichen Längen zu: Den ersten Strohhalm lassen sie in seiner Originalgröße, schrägen aber das Ende ab, den zweiten kürzen sie um ca. 1–2 cm, die restlichen kürzen sie dementsprechend weiter.
Die Kinder legen die Halme der Größe nach sortiert vor sich hin, sodass die geraden Enden alle auf einer Höhe sind (→ Abb.).
Sie legen einen langen Klebestreifen am oberen Ende darüber, drücken diesen gut an, drehen die Flöte um und ziehen den Klebestreifen auch über die andere Seite, sodass die Strohhalme alle fest zusammenhalten.

Das gleiche machen sie nochmal am unteren Ende, dabei fangen sie beim kürzesten Strohhalm an. Fertig ist die Panflöte.
Die Kinder pusten in die Rohrabschnitte, indem sie die Unterlippe fest darauf pressen und darüber die Luft kräftig hineinpusten. Spannend ist es zu erforschen, welche Klänge die Kinder jeweils mit den unterschiedlich langen Strohhälmen erzeugen!

Tipps

- Die fortgeschrittenen Panflöten-Spieler basteln sich eine Panflöte mit mehr als acht Halmen.
- Wenn die Kinder die Länge des kürzesten Rohrs verdoppeln, können sie eine Oktave (8 Töne) höher spielen. Weitere Strohhalme zwischen diesen beiden, die eine Oktave umspannen, kürzen sie dann beliebig.

Varianten für Kinder ab 5 Jahren

- Eine stabilere Panflöte erhalten die Kinder, wenn sie anstelle der Strohhalme ein Elektrorohr aus dem Baumarkt verwenden. Sie schneiden es mithilfe der Spielleitung in acht Stücke auf folgende Längen zu: 16 cm, 14 cm, 12,5 cm, 11,5 cm, 10 cm, 8,5 cm, 7,5 cm, 7 cm. Sie verschließen das eine Ende jedes Rohrabschnittes mit Knetmasse, sodass keine Luft hindurchkommen kann. Die Röhrchen der Größe nach nebeneinander hinlegen und mit Isolierband fest aneinanderkleben.
- Alternativ eignen sich auch Bambusstäbe. Die Kindern schneiden diese unterschiedlich lang aber gerade ab, verschließen sie an einer Seite mit Knete oder Wachs, legen sie nebeneinander und fixieren sie mit einer Kordel, indem sie diese rundherum flechten.

Schleuderschlauch

Wer schön schräg wie ein Gespenst heulen will, für den ist der Schleuderschlauch genau das Richtige!

Alter: ab 3 Jahren
Material: alter, ausgedienter Staubsaugerschlauch oder als Ersatzteil aus dem Baumarkt, mind. 80 cm lang

Alles, was die Kinder dazu brauchen, ist Platz, dann kann es schon losgehen!
Die Kinder schleudern die Schläuche über ihren Köpfen im Kreis – was für ein Geheule!
Wie verändert sich der Ton, wenn die Kinder die Schläuche schneller oder langsamer schleudern oder verschiedene Schlauchlängen zur Verfügung haben?

Hörspiel gestalten

Faszination „Hören" – vor allem von selbstproduzierten Stücken! Staunen, raunen, sich trauen – eine spannende Aktivität für die Kinder mit vielen neuen Eindrücken und einem riesigen Schuss Kreativität! Es gibt etwas auf die Ohren!

Alter: ab 5 Jahren
Material: Aufnahmegerät; selbst gebastelte Instrumente aus dem ganzen Buch (➜ Register S. 100; weitere Gegenstände, die Geräusche machen wie Stöckchen, das man durchbrechen kann, Papier zum Knistern, Stoffstücke, Blätter etc.; Text zum Nachspielen/-sprechen

Am meisten Spaß macht ein Hörspiel, wenn es selbst ausgedacht wurde! Vielleicht steht ein Kindergartenfest bevor und die Gruppe kann einen Live-Auftritt hinlegen?! Hinter einem Vorhang verborgen als richtiges Hörspiel oder auch Auge in Auge?
Um etwas Übung zu bekommen, hören sich die Kinder Hörspiele an und beschreiben die Geräusche, die darin auftauchen. Welche Instrumente oder Gegenstände haben diese Geräusche wohl erzeugt?
Um das selbst zunächst auszuprobieren, gibt es hier ein kurzes Hörspiel zum Nachspielen! Entweder liest die Spielleitung die Geschichte vor und die Kinder machen an den passenden Stellen die Geräusche oder ein Kind erzählt die Geschichte – damit es keins der Geräusche vergisst, malt es Symbole dafür auf einen Zettel und hat so auch gleich die richtige Reihenfolge.

Das Regen-Gespenst

Geräusch: Regen (Regenmacher oder in einen Luftballon wenige getrocknete Erbsen oder Reis füllen, den Luftballon dann aufblasen, zuknoten und hin- und herbewegen)

Erzähler: *Es regnete schon den ganzen Tag und Lena war ganz traurig, da sie eigentlich draußen ihre neuen Rollschuhe ausprobieren wollte. Aber bei dem schlechten Wetter hatte sie auf gar nichts Lust. Da hörte sie plötzlich das merkwürdigste Geräusch, das sie jemals gehört hatte. Und es kam direkt aus ihrem Kleiderschrank!* (**Geräusch:** Schellen mit einem Schelleninstrument)
Erzähler: *Bevor Lena sich entscheiden konnte, ob sie die Schranktür einfach aufreißen sollte oder ob sie Angst hatte, hörte sie eine geheimnisvolle Stimme singen.* (**Geräusch:** mit dem Kazoo verzerrt ein Kind seine Stimme und singt leise: *„Es regnet, es regnet, die Erde wird nass, …"*)
Erzähler: *Die Schranktür öffnete sich von alleine.* (**Geräusch:** Knarzen mit Waldkobold oder Ratsche)
Erzähler: *Lena hielt die Luft an.* (**Geräusch:** Ein Kind zieht tief Luft ein.)
Erzähler: *Und heraus schwebte ein kleines niedliches Gespenst mit großen Kulleraugen und einem Schellenband an der Hand.* (**Geräusch:** Schellen mit einem Schelleninstrument)
Erzähler: *In diesem Moment begann es draußen zu stürmen.* (**Geräusch:** Sturm: Schleuderschlauch)
Erzähler: *Und mit einem Satz sprangen das Gespenst und Lena zusammen ins kuschelige Bett und vergruben ihre Köpfe unter dem Bettlaken.*
Geräusch: 1. Springen (Trommel oder Tamburin) 2. Bettdecke über den Kopf (Stoffstück, an dem gerieben wird) 3. Zwei Kinderstimmen, die lachen)
Erzähler: *Zwar war es ein doofer Regentag, doch war der für Lena ab jetzt nicht mehr langweilig. Sie hatte einen neuen Freund gefunden, der auch noch ganz fantastisch musizieren konnte.* (**Geräusch:** die beiden Kinderstimmen singen und dazu die Schellen und das Regengeräusch *„Es regnet, es regnet, die Erde wird nass, da*

freu'n sich die Kinder, da wächst auch das Gras. Es regnet, es regnet, es regnet seinen Lauf, und wenn's genug geregnet hat, dann hört es wieder auf. Es regnet, es regnet, der Kuckuck wird nass. Wir sitzen im Trockenen, was schadet und das?!")

Wenn die Kinder sich selbst ein Hörspiel ausdenken wollen, probieren sie zunächst mögliche Geräusche aus und überlegen sich dann in aller Ruhe, was in dem Hörspiel passieren soll. Und das Aufnehmen nicht vergessen!

Kazoo

Das Kazoo ist wohl eines der „alten" Instrumente. Wer weiß, vielleicht haben sogar schon die Steinzeitmenschen durch so etwas Ähnliches durchgesummt?!

Alter: ab 3 Jahren
Material: Papierrolle; Farben; Transparent- oder Butterbrotpapier; Stift; Schere; Klebstoff; evtl. Cutter

Die Kinder malen ihre Papierrollen mit Farben nach Wahl bunt an.
Mit einem Stift übertragen die Kinder den Durchmesser der Papierrolle auf ein Stück Transparentpapier und schneiden es großzügig aus, sodass ein Rand von 2–3 cm dazu kommt. Das Stück Transparentpapier kleben sie über eine Öffnung der Papierrolle.
Wenn das Papier getrocknet ist, halten die Kinder sich die andere, offene Seite der Papierrolle vor den Mund und summen, sprechen, singen, lachen, schluchzen, prusten hinein – weil das Transparentpapier als Verstärker funktioniert, muss man nämlich hinein"tönen" und nicht nur hineinpusten.

Varianten

- Mit einem Abstand von 2 cm zu einem Ende der Papprolle schneiden die Kinder ein rechteckiges Fenster, das 3 cm lang und ca. 2 cm breit ist, aus der Rolle aus. Darüber kleben sie ein Stück Transparentpapier. Wenn das Papier getrocknet ist, sprechen oder summen die Kinder durch das eine Ende! Wie verändert sich der Klang?
- Die Kinder kleben das Transparentpapier wie oben beschrieben über das eine Ende der Papprolle statt über das Fenster. Welches Kazoo verstärkt am besten den eigenen „Dabadedudeldidö"-Gesang?!

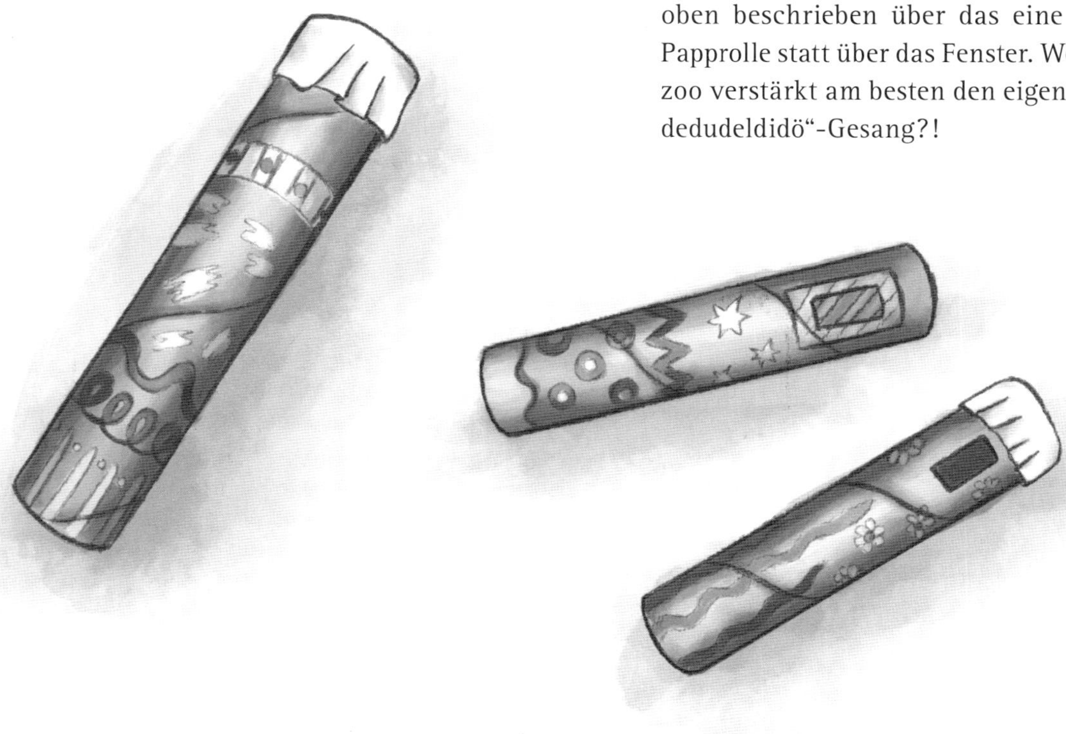

Luftpumpenflöte

Wer nicht immer nur aus dem letzten Loch pfeifen will, schnappt sich eine Luftpumpe!

Alter: ab 3 Jahren
Material: je 1 Luftpumpe; Schraubenzieher, der zur Schraube des Luftpumpenventils passt

Die Kinder schrauben das Luftpumpenventil ab und fertig ist das Musikinstrument!
Die Kinder pusten in das Loch hinein, wie bei einer Querflöte, indem sie ihre Unterlippe fest darauf pressen und darüber pusten. Wenn sie dabei die Pumpe betätigen, verändert sich der Ton – viel Spaß!
Zum Schluss wird das Ventil wieder montiert und die Luftpumpe ist wieder einsatzbereit.

Hühnerdose

Wer hat die Hühner losgelassen? Es gluckst und gackert wie im Hühnerstall!

Alter: ab 5 Jahren
Material: Konservendose ohne scharfe Kanten; Hammer und Nagel; Pappreste, Bastelpapier in Rot; Klebstoff; Farbstifte; Paketschnur, 50–60 cm lang; weicher Wachs, z.B. Skiwachs für Langlaufskier; evtl. Wackelaugen

Die Kinder schlagen mithilfe der Spielleitung mit dem Hammer und dem Nagel ein Loch in die Mitte des Dosenbodens.
Mit dem Papier bekleben sie die Dose und bemalen diese mit den Stiften (als Motiv bieten sich Hühner an).
Die Kinder fädeln die Paketschnur durch das Loch in der Dose, sodass die Schnur ca. 20 cm oben rausschaut.
Direkt unter dem Loch verknoten sie die Schnur, sodass die Dose nicht mehr verrutschen kann. Den unteren Teil der Paketschnur streichen die Kinder mit Wachs ein – und fertig ist der Gackerautomat!
Mit der einen Hand halten die Kinder die Paketschnur oben fest und fahren mit dem Daumen und Zeigefinger der anderen Hand stoßweise über den unteren Teil der Schnur. Woran erinnert der Ton?

Tipp

Die Kinder schneiden einen Kamm und einen Schnabel aus rotem Bastelpapier aus und kleben Wackelaugen auf die Dose – fertig ist ein fast waschechtes Huhn!

Drachenvogel

Alter: ab 3 Jahren
Material: Plastiktüte; Schere; dünner Ast oder Holzstab; Klebestreifen oder Isolierband; reißfeste Schnur wie Gartenschnur oder Nylonfaden

Die Kinder schneiden in die Plastiktüte zu zwei Dritteln der Länge nach Fransen, wie bei einem Drachenschwanz.
Das letzte Drittel wickeln die Kinder um das Ende des Stabs und formen eine kleine Kugel, die sie entweder einfach nur knoten oder mit Klebestreifen befestigen.
Am anderen Ende des Stabs knoten die Kinder den Faden ganz fest. Fertig ist der Drachenvogel, den die Kinder über ihren Köpfen im Kreis herum schleudern können – aber bitte Abstand zu den anderen halten!

Schlauchtrompete

Manchmal lassen sich aus den komischsten Alltagsgegenständen die effektivsten Instrumente basteln!

Alter: ab 5 Jahren
Material: sauberer Gartenschlauch, ca. 1,50 m lang; Isolierklebeband; Haushaltsplastiktrichter.
Mundstück: Trompetenmundstück oder ein dickeres Schlauchstück ohne Weichmacher, ca. 10 cm lang

Die Kinder wickeln den Schlauch griffig auf, sodass die Schlaufe einen Durchmesser von ca. 25–30 cm hat. Wer will, fixiert den Schlauch mit Isolierband (➔ Abb. 1, S. 71).
Der Trichter wird in das eine Ende gesteckt und mit dem Isolierband festgeklebt (wenns nicht gleich klappt, das Schlauchende kurz in heißes Wasser tauchen – macht es geschmeidiger!).
Wenn die Kinder ein Trompetenmundstück haben, stecken sie es einfach in das andere Ende. Haben die Kinder stattdessen ein breiteres Schlauchmundstück zur Verfügung, drehen sie es auf das freie Ende (➔ Abb. 2, S. 71). Zur Not geht's auch ganz ohne Mundstück.

Und so bekommen die Kinder Töne aus der Schlauchtrompete: Sie pressen ihre Lippen leicht aufeinander, als ob sie das Wort „Mund“ sagen wollten. Dann setzen sie die Lippen mittig sanft auf das Mundstück (ohne Druck). Die Kinder atmen durch die Nase bis tief in den Bauch ein und pressen diese Luft dann durch die geschlossenen Lippen. Wenn das klappt, vibrieren die Lippen etwas. (Andere Beschreibungen: „einen Kirschkern durch die geschlossenen Lippen spucken“ oder „mit den Lippen pupsen“.)
Die erzeugten Töne sind übrigens reine Naturtöne, wobei der Ton variiert, je nachdem, wie stark gepustet wird. Viel Spaß!

Tipp

Verschiedene Schlauchlängen (z.B. von 50 cm, 100 cm und 1,50 m) verändern den Ton!

①

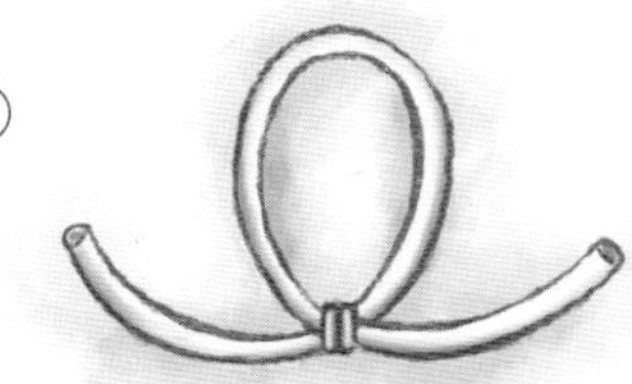

②

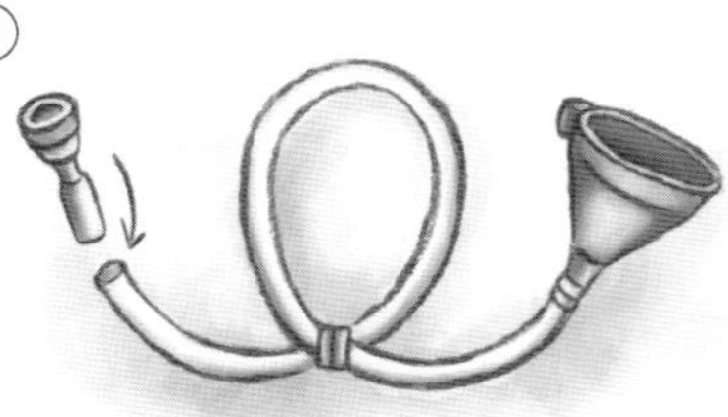

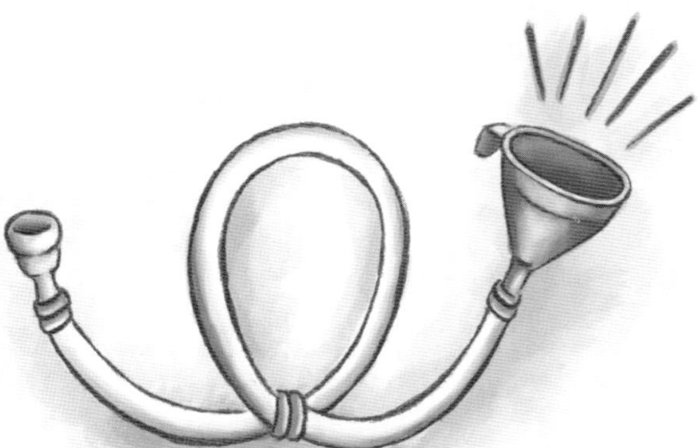

Fantasiekonzert

Was gibt es Schöneres, als auf den Schwingen der eigenen Fantasie Reisen anzutreten, die uns in unbekannten Gefilden Abenteuer erleben, Faszinierendes entdecken lassen und uns als Helden, Prinzessinnen, Drachen, Baggerführer, Astronauten, Tierwärter oder Pflanzenforscher empfinden lassen!

Alter: ab 5 Jahren
Material: alle vorhandenen selbst gebastelten Instrumente; Karten aus Papier, zugeschnitten auf ca. 10 × 15 cm oder 15 × 25 cm; Stifte

Die Spielleitung malt gemeinsam mit den Kindern Gegenstände, Pflanzen, Tiere, alles was ihnen einfällt, auf die Karten.
Diese werden gemischt und mit dem Bild nach unten im Raum auf dem Boden verteilt. Das sind die Erzählpunkte (halb so viele Punkte, wie Kinder mitspielen). Die Karten werden dazu auf Häufchen gelegt, pro Erzählpunkt liegen ein paar Karten aufeinander.
An anderen Stellen im Raum werden die Instrumente verteilt. Das sind die Musikpunkte (halb so viele Punkte wie Kinder, auf jeden Fall auch mehrere Instrumente an einer Stelle)
Die Kinder finden sich zu Paaren zusammen, dabei ist immer abwechselnd einer der Erzähler und der andere der Musiker.
Alle Kinder tanzen im Raum herum, bis die Spielleitung in die Hände klatscht. Jedes Kind sucht sich nun entsprechend seiner Rolle einen Erzähl- oder einen Musikpunkt.
Eines der Kinderpaare beginnt: Das Kind mit den Erzählkarten dreht eine davon um und erzählt dazu eine Geschichte. Immer wenn es etwas erwähnt, das Krach, Lärm oder eine Melodie produziert, pausiert es und das Musiker-Kind untermalt die genannten Dinge mit seinen Instrumenten. Nach ca. fünf Minuten ist das nächsten Kinderpaar an der Reihe.

Fällt einem Kind nichts mehr ein, was es erzählen kann, dreht es weitere Erzählkarten um, die es in die Geschichte mit einbaut. Benutzte Karten schieben die Kinder mit der Bildseite nach oben unter den Stapel.

Waren alle Kinderpaare an der Reihe, beginnt die nächste Spielrunde, bei der die Kinder den Erzähl- und Musikerpart nun untereinander tauschen.

Zum Schluss räumen die Kinder die Karten und Instrumente zur Seite. Die Spielleitung erzählt nun eine Geschichte und alle Kinder spielen und tanzen dazu.

Variante für Kinder ab 3 Jahren

Die Kinder besprechen mit der Spielleitung, welches Instrument welchem Tier zugeordnet wird. Die Kinder tanzen im Kreis herum und immer, wenn die Spielleitung ein Instrument spielt, bewegen sich die Kinder wie das zuvor vereinbarte Tier!

Auf dem Trockenen

C. v. Feyerabend

Eine Nixe rümpft empört die zierliche Nase,
ziemlich trocken die einst gemütliche Oase!
Sie sitzt in einer Badewanne,
unter der dicken grünen Tanne,
und blickt genervt in den Himmel.
Der ist vollständig weiß und blau,
mit den Wolken stehts beachtlich mau,
die Sonne scheint mit Strahlenkringel,
und heizt das Wäldchen ziemlich auf.
Die Nixe bekommt 'nen Schluckauf,
sieht nur eine Vogelschar,
und ein traurig Drachenpaar,
aber das, was da oben sein sollte,
das fehlt: 'ne dick graue Regenwolke!
Sie glotzt auf ihre welken Beine,
und lechzt nach erquickendem Wasser,
das drüben im Fluss hüpft über die Steine,
da ist es besser und viel nasser!
Mit einem Satz springt sie aus der Wanne,
fort von der öden, zu trockenen Tanne
und mit einem Freudenschrei
hüpft sie in den Wasserbrei!

Wassershaker & Regenmusik

Plätscherndes

Was haben Gläser, Flaschen, Trommeln gemeinsam? Mit Wasser klingen sie gleich nochmal so schön! Wobei nicht nur Regen beruhigend auf die Gemüter wirkt, auch andere nasse musikalische Ergüsse!

In diesem Kapitel basteln die Kinder Musikinstrumente, die das Element Wasser im Mittelpunkt haben, lernen eine Menge über Wasser und erleben ein lustiges Abschlusskonzert: Wasser marsch!

Wasserflaschen-Flöte

Alter: ab 3 Jahren
Material: leere, saubere Flaschen; Wasser

Die Kinder füllen unterschiedlich viel Wasser in die Flaschen und stellen sie in einer selbst gewählten Reihenfolge auf. Welche Ordnung das dann sein wird, ist sicher interessant!
Die Kinder pusten so über den Rand in die Flaschen, dass die untere Lippe aufliegt und ein Ton erklingt. Wenn sie die Flaschen beim Spiel wechseln, entsteht eine Melodie.
Die Spielleitung leitet die Kinder dazu an, auf diese Weise einfache Lieder, z.B. „Alle meine Entchen“, zu spielen.

Tipp

Durch das Pusten bilden sich Luftwirbel, die den Ton erzeugen.

Regenmusik

Es tropft und trommelt und fließt und gießt, was ist das? Die natürlichste Musik der Welt – Regenmusik!

Alter: ab 4 Jahren
Material: leere Büchsen; Dosen; wasserfeste Schachteln; Tassen; Gläser; Vasen; Töpfe; Pfannen etc.

Die Kinder beobachten, an welchen Stellen sich bei Regen draußen das Wasser sammelt oder wo es in Strömen z.B. aus der Regenrinne fließt. Beim nächsten Regen verteilen sie die Büchsen, Schachteln, Tassen etc. mit der Öffnung nach unten gezielt an diesen Stellen – fertig ist die Regenmusik!
An was erinnern die Kinder die einzelnen Rhythmen? Kann man dazu sogar tanzen? Oder im Inneren dazu trommeln?!

Musik zum Lauschen

Musik, die beruhigt, bewegt, direkt das Innerste anspricht – klassische Musik!

Alter: ab 3 Jahren
Material: CD mit klassischer Musik, z.B. von Frederic Chopin „Regentropfenprelude" oder von Georg Friedrich Händel „Wassermusik"; CD-Player; Wasserfarben; Murmeln; Deckel von Schuhkartons; Gläser; Schwamm; Pinsel; Wasser; Strohhalme; Blätter

Die Spielleitung fragt die Kinder, welche Musik ihnen zum Thema Wasser einfällt, was sie unter „Wassermusik" verstehen, ob sie noch andere Naturelemente kennen und wie sie diese musikalisch umsetzen würden.

Die Spielleitung spielt den Kindern eines der unten links aufgeführten oder ein selbst gewähltes Musikstück zum Thema „Wasser" vor. Dazu basteln und malen die Kinder eines der folgende Angebote:

Murmelmalen
Die Kinder legen in den Deckel einer Schuhschachtel ein Blatt Papier, tunken die Murmel in die Wasserfarben und legen diese dann auf das Papier. Wenn die Kinder den Deckel bewegen, hinterlässt die Murmel lauter bunte Farbspuren. Mehrere Kugeln sind übrigens eine lustige Sache!

Gewässerte Wasserfarben
Die Kinder befeuchten ein Blatt Papier mit einem Schwamm, bis es sehr nass ist. Sie tunken einen Pinsel in Wasserfarbe und tupfen damit auf das Blatt Papier. Dadurch verlaufen die Farben und bilden wunderschöne Blumenlandschaften.

Puste-Kleckse
Die Kinder tupfen mit dem Pinsel sehr wässrige Kleckse auf ein Blatt Papier, pusten durch einen Strohhalm die Farbe weg und probieren sich dabei aus.

Wasser überall
Die Kinder überlegen sich zusammen mit der Spielleitung, in welcher Form ihnen Wasser im Alltag begegnet, von Regen, Schnee, Unwetter, Pfützen, Seen, Flüssen bis hin zum Wasserhahn in der Küche und malen das.

Regenbogen-Reime

Schillernd bunt, eine Himmelsbrücke, an deren Ende ein Topf voller Goldstücke wartet – was will man mehr?! Die Kinder reimen zusammen mit der Spielleitung, bis sich die Nasen biegen und die Zungen verknoten!

Alter: ab 3 Jahren
Material: selbst gebastelte Musikinstrumente

Fridolin

Fridolin trug eine blaue **Hose**.
In seiner Hand hielt er eine rote **Rose**.

Er wollte seine Oma **besuchen**,
sollte dabei aber nicht **fluchen**,

meinten seine Eltern **so**.
Zuerst ging er aufs **Klo**

und fuhr dann los nach **Wurzelbär**,
das letzte Mal war lange **her**.

Das lag hinterm **Regenbogen**,
sie war gerade erst **umgezogen**.

Die Oma freute sich und **lachte**,
hüpfte auf den Tisch, der **krachte**.

Fridolin hatte einen schönen **Tag**
und sagte ihr, dass er sie **mag**.

Weitere Reimworte:
Rose – Hose – Dose – Getose – lose – Soße
Turm – Sturm – Wurm
Fenster – Gespenster – Gangster – längster
Eulen – heulen – Beulen
Dieb – Hieb – Betrieb – lieb – Sieb – schieb – Piep – blieb – flieg – Sieg

Spielverlauf

Die Kinder tanzen im Kreis. Sobald ein Kind zwei Worte gefunden hat, die sich reimen, geht es in die Mitte und sagt die beiden Worte laut. Danach tanzt es weiter und ein nächstes Kind kann seine Reime sagen. Wenn ein paar Kinder Lust haben, können sie einen Rhythmus zum Tanzen zupfen.

Variante für Kinder ab 5 Jahren
Die Kinder sitzen im Kreis. Die Spielleitung sagt ein Wort. Sobald ein Kind ein passendes Reimwort dazu gefunden hat, lärmt es mit seinem Instrument und darf es laut sagen. Außerdem sagt es gleich ein weiteres Wort oder einen ganzen Satz, worauf ein anderes Kind den nächsten Reim findet. Schwieriger wird es, wenn die Sätze eine Geschichte ergeben sollen, wie oben bei der „Fridolin-Reimgeschichte".

Wassergläser-Musik

Das Staunen auf den Kindergesichtern ist gewiss, wenn aus solch banalen Alltagsgegenständen schräge Geistermusik ertönt.

Alter: ab 3 Jahren
Material: viele Gläser, auch Wein- oder Sektgläser; Wasser; Stift

Die Kinder stellen die Gläser in einer Reihe auf einen Tisch.
In die Gläser füllen sie unterschiedlich viel Wasser.
Sie schlagen nun sanft mit einem Stift dagegen und tauschen sich dabei mit der Spielleitung über die unterschiedlichen Tonhöhen, die sie erzeugen, aus.

Variante

Jedes Kind stellt ein Glas vor sich hin und hält es mit der einen Hand gut am Fuß fest. Es taucht seinen Zeigefinger in das Glas, sodass die Fingerspitze nass ist und reibt damit auf der Glaskante entlang. Immer rundherum, bis das Glas anfängt zu singen!

Wasser fühlen, Musik erzeugen

Wasser zu erleben ist spannend und eindrucksvoll! Das folgende Experiment sollte allerdings am besten draußen im Freien stattfinden.

Alter: ab 3 Jahren
Material: 1 große Schüssel oder 1 kleiner aufblasbarer Pool; Schneebesen; Kochlöffel; Becher; Gießkannen; Trichter; Strohhalme; Spritzpistolen; Siebe

Die Kinder fühlen das Wasser, indem sie sanft darüber streicheln, hineinschlagen, mit einem Finger hineinstechen, die flache Hand langsam hineinsenken oder mit dem Fuß hineinsteigen.
Die Spielleitung bespricht mit den Kindern, wie sich das Wasser anfühlt und wie sich ihre Wahrnehmung bei den verschiedenen Aktionen verändert.
Zum Hören benutzen die Kinder die oben aufgeführten Gegenstände und spritzen, schütten, tröpfeln das Wasser in die Schüssel. Auch hier steht wieder im Mittelpunkt, über das Gehörte zu reden!

Variante für Kinder ab 5 Jahren

Die Kinder entwickeln aus der oben erzeugten Wasser-Spritz-Musik ein Platsch-Tropf-Konzert, evtl. im Rhythmus zu einem ausgewählten Lied.

Geräusche-Überraschung

Alter: ab 3 Jahren
Material: 1 Glas; getrocknete Hülsenfrüchte (Erbsen, Linsen oder Bohnen); Kuchenblech

Die Spielleitung füllt ein Glas bis zu einem Drittel mit Wasser und gibt bis zum Rand getrocknete Hülsenfrüchte dazu.
Sie stellt das Glas in eine verborgene Ecke des Raumes auf ein Kuchenblech und wartet ab, bis nach ca. 1,5–2 Stunden komische, blecherne Geräusche ertönen – nämlich dann, wenn die Hülsenfrüchte zu quellen beginnen und sich die obersten gegenseitig aus dem Glas herausschubsen.

Rohr-Wassermusik

Ein Rohr kann manchmal mehr Geheimnisse in sich bergen, als so mancher glaubt!

Alter: ab 3 Jahren
Material: Kinderbadewanne oder Planschbecken; Kunststoffrohre, unterschiedlich lang und breit, mit glattem Rand; evtl. saubere Konservenbüchse; Dosenöffner; Joghurtbecher; spitze Schere oder Cutter; halbe Kokosnuss; halbe Walnussschale; Handbohrer; Löffel; Klöppel; Ast

Die Kinder setzen sich um die Kinderbadewanne und halten je ein Kunststoffrohr hinein, sodass noch ein Stück herausschaut. Wie weit sie das Rohr hineinhalten, ist ihnen überlassen und variiert den Ton.
Die Kinder schlagen mit der flachen Hand auf die Rohröffnung, die herausragt und dürfen sich über das Ton-Ergebnis freuen!

Varianten

- Die Kinder schlagen mit dem Hammer mehrere Löcher in den Boden einer Konservendose. Fertig ist die Dosentrommel, auf die die Kinder mit einem Stock, Löffel, Ast oder Trommelklöppel schlagen können, während sie die Dose zur Hälfte ins Wasser halten.
- Genauso funktioniert es mit einem Joghurtbecher (Boden mit der Schere durchlöchern) oder einer halben Kokosnuss (Handbohrer für die Löcher) und einer Walnusshälfte.

Blubbermusik

Was blubbert so schön und wild und leise?!

Alter: ab 3 Jahren
Material: pro Kind 1 Strohhalm; Schüssel mit Wasser oder Kinderbadewanne

Die Spielleitung verteilt an jedes Kind einen Strohhalm.
Die Kinder einigen sich auf ein Lied und blubbern dieses durch den Strohhalm in das Wasser hinein – viel Spaß!

Wasserballon

Mit Ballons kann man soo viel machen – ob Rasseln, Experimente oder auch Wasserspiele! Ballons gehören in jeden Haushalt!

Alter: ab 3 Jahren
Material: Luftballons; Wasser

Die Kinder füllen, am besten draußen, jeweils einen Luftballon mit Wasser und verknoten ihn. Sie schleudern den Ballon vorsichtig von der einen auf die andere Seite und beschreiben das Geräusch, das der Ballon dabei verursacht (und freuen sich über die Tatsache, dass er noch nicht zerplatzt ist).

Wassershaker

Schnelles Wasserinstrument, das viel Spaß bringt und an warmen Tagen vielleicht sogar noch für Abkühlung sorgt!

Alter: ab 3 Jahren
Material: Plastik- oder Metalldosen

Die Kinder füllen Wasser in die Dosen, schließen diese und fertig sind die weltschnellsten Wassershaker!
Wer mag, befüllt die Dosen noch mit weiteren Rasselmaterialien wie z.B. Spielzeugsteinen, getrockneten Hülsenfrüchten, Kieselsteinen, Kastanien, Perlen etc.

Wasser-Konzert

Musizieren macht zusammen immer noch am meisten Spaß!

Alter: ab 5 Jahren
Material: Wassermusik-Instrumente; Tücher; Bänder

Die Spielleitung bespricht mit den Kindern in einem Stuhlkreis zunächst, für was Wasser benötigt wird (für die Natur, die Menschen, zum Trinken, Gießen etc.). Sie fragt die Kinder, ob sie wissen, was mit dem schmutzigen Wasser passiert, ob wohl alle Menschen auf der Welt Wasser einfach aus dem Wasserhahn bekommen und was den Kindern mit dem Wasser am meisten Spaß macht.
Nun bereiten die Kinder gemeinsam mit der Spielleitung ein großes Wasser-Tanz-Konzert vor. Dazu verwandeln sie den Raum gemeinsam in eine bunte Unterwasserwelt, verkleiden sich z.B. als Tintenfische, Nixen, Fische, Seepferdchen oder Kraken. Sie dekorieren den Raum mit blauen Tonpapierbahnen oder blauem Krepppapier.
Die Spielleitung benennt ein Kind zum Meereskönig, der heute ein Meeresfest vorbereiten soll. Dieser darf die anderen Kinder in zwei Gruppen einteilen – die Seestern-Tanzgruppe und die Seepferdchen-Band.
Die Seepferdchen-Band übt mit dem Spielleiter ein Musikstück ein, zumindest einen Rhythmus und kleine Solo-Einlagen der Kinder.
Der Meereskönig überlegt sich mit der Tanzgruppe, was wohl typische Wassertänze sein können, wie sich Tiere im Wasser bewegen und wie Nixen, wie sich die Pflanzen im Wasser treiben lassen und wie eine Krake krabbelt. Vielleicht wollen die Kinder davon etwas in ihren Tanz übernehmen. Dazu lauschen sie dem Treiben der Band, um sich an den Rhythmus anzupassen und suchen sich ein paar Tanzfiguren aus, die sie dann immer wiederholen können und einen Tanz daraus formen.
Am Ende wird das Ergebnis zum prächtig geschmückten Fest vorgeführt!

Eichhörnchen-Fox

C. v. Feyerabend

Es saß einmal ein Eichhörnchen
auf einem bunten Bänkchen
und wartete dort auf eine Nuss,
stattdessen bekam es einen Kuss
von einem kleinen Schweinchen,
das hüpfte auf einem Beinchen
und fraß alle Nüsse auf,
rief ganz laut nach Klaus
und rannte dann weg.
Da kam der Herr Schneck
und kroch zum Eichhörnchen,
das da immer noch saß auf dem Bänkchen
und gab ihm einen Gummi und 'ne Box:
„Hier, bastel dir 'nen Instrument für den flotten Fox!"
„Ich will hüpfen und vergessen,
dass das Schweinchen hat alles aufgefressen
und lieber von Abenteuern träumen,
um nicht das Wichtigste zu versäumen!"
„Mach Musik,
komm in den Tritt
und schwing deine Tatzen,
ich zieh dazu ein paar Fratzen.
Wer braucht schon eine Nuss,
wenn er kommt in diesen Genuss!"
Und sie spielten Gitarre und Bass,
da regnete es nass
und sie unterbrachen ihr Konzert,
suchten das Schweinchen namens Gert,
klauten ihm eine Nuss,
und das ganz ohne Kuss.

Holzxylophon & Elefantenzupfer

Klimperndes

Faszination Konzert – auf der Bühne stehen, von Scheinwerfern angestrahlt werden, aufgeregt sein, rote Bäckchen, glänzende Augen und Applaus! Was gibt es Schöneres, als wenn die Kinder das eigene Herz ganz aufgeregt schlagen hören und ihre Nervosität hinunterschlucken müssen, um am Ende voller Stolz eine tolle Leistung vollbracht zu haben!
Gummizither und Klaviere eignen sich perfekt als Begleitung zum Gesang und um eine Band oder ein eigenes Orchester zu gründen! Der erste Auftritt kann kommen!

Hummel-Gummizither

Für eine Gummizither benötigt man eigentlich nur einen Behälter, der an einer Seite offen ist (als Resonanzkörper) und große Gummis – und auf geht's zur schwofigen Musikrunde!

Alter: ab 5 Jahren
Material: je 1 Karton mit Deckel; Cutter; alte, schwarze Feinstrumpfhosen oder Transparentpapier in Schwarz; Klebefilm; Schere; durchsichtiges Paketklebeband; 5 Pfeifenputzer in Schwarz; Acrylfarben in Schwarz und Gelb; Pinsel; Wackelaugen; große, unterschiedlich breite Gummis; evtl. Dose mit abgerundeten Kanten

Mit dem Cutter schneiden die Kinder mithilfe der Spielleitung mittig ein Loch in den Boden der Schachtel, das ungefähr halb so groß ist wie die komplette Fläche des Schachtelbodens. Das ist der Mund der Hummel!
Je nach Größe der Schachtel können die Kinder die Flügel aus unterschiedlichen Materialien basteln. Für kleine Schachteln verwenden die Kinder Strumpfhosen, die sie einfach auseinanderschneiden und an einem Ende rundschneiden (➜ Abb. 1).
Mit Klebestreifen kleben die Kinder diese am „Kopf" der Hummel seitlich fest: je zwei Stücke, sodass sie etwas runterhängen und beim Bewegen der Schachtel mitwippen. Oder die

①

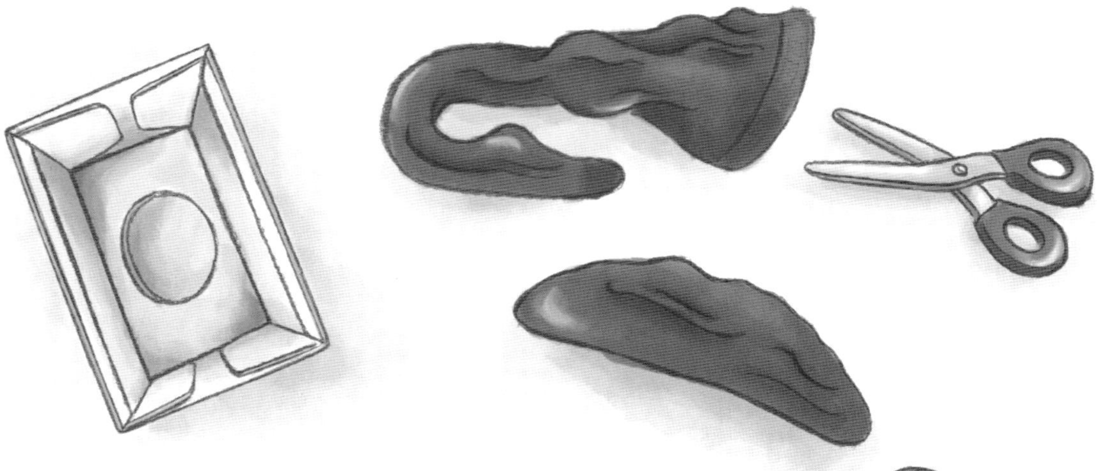

②

③

Kinder verwenden für die Flügel schwarzes Transparentpapier, das sie ziehharmonikaartig falten. Mit dem Cutter ritzen sie einen kleinen Schlitz, so lang, wie das Papier breit ist, seitlich links und rechts in den Karton und kleben die Flügel mit dem Paketklebeband von innen fest. Diese stehen dann seitlich ab.
Die Füße der Hummeln basteln die Kinder aus Pfeifenputzern, die ebenfalls durch kleine Ritze seitlich in den Karton gesteckt werden (drei auf jeder Seite und auf der Höhe der Mund-Öffnung). Von innen werden sie ebenfalls mit dem Klebeband fixiert (➔ Abb. 2).
Zwei weitere Pfeifenputzer kommen oben als Fühler auf den Kopf, ebenfalls mithilfe kleiner Schlitze, die mit dem Cutter ausgeführt werden. Die Pfeifenputzer durchstecken und innen mit Klebestreifen befestigen.
Die Kinder kleben den Deckel der Schachtel mit dem Klebeband fest auf die Schachtel (➔ Abb. 3).
Mit der schwarzen und der gelben Acrylfarbe malen die Kinder Hummelstreifen auf den Kartondeckel, wobei sie den Kopf (also das Kartonstück über dem Mund) nur schwarz anmalen – eine Hummel hat ja einen schwarzen Kopf!
Nach dem Trocknen kleben die Kinder die Wackelaugen auf, spannen die Gummis über den Mund und fertig ist der wilde Hummel-Brummer, der sich angeregt und lebhaft mit seinen Hummel-Kollegen (➔ auch Variante) unterhalten kann.

Variante für Kinder ab 3 Jahren

Die Kinder spannen mehrere Gummis über den offenen Teil einer Dose – fertig ist die Zither! Wenn die Kinder mit der einen Hand die Gummis zupfen und die andere Hand dabei einige Gummis runterdrückt oder daran entlangstreicht, verändert sich der Ton. Für ein kleines Gummizupf-Orchester verwenden sie verschiedene Gefäße oder Schachteln, dann entstehen unterschiedliche Töne.

Ein Tag auf dem Bauernhof

Die Kinder hören sich die folgende Lügengeschichte an und „lärmen" mit ihren selbst gebastelten Instrumenten an den Stellen, die gelogen sind – viel Spaß dabei!

Alter: ab 4 Jahren
Material: selbst gebastelte Instrumente

Egon hatte das famose Glück, Urlaub auf einem Bauernhof zu machen. Das bedeutete: viele, viele Tiere, Traktor fahren und den typischen Landgeruch nach Mist und **Parfüm** *genießen.*

Morgens weckten die Kühe Egon mit ihrem Gemuhe auf. Sie läuteten mit ihren **Fahrradklingeln**, *wenn sie auf die Weide getrieben wurden. Manchmal weckten sie damit auch den Hahn, der dann krähte und die Hühner auf den Hof jagte. Sie scharrten dort mit ihren Krallen auf dem strohbedeckten Boden herum und* **miauten.**

Ein paar Schweine hatte der Bauernhof auch. Diese sprangen am liebsten in Matschpfützen und **flogen** *dann* **hoch auf den Baum**, *um sich dort auszuruhen.*

Auf der Weide vor dem Bauernhof standen zwei Pferde. Meistens pflückten diese mit ihren Mäulern gemütlich das Gras vom Boden ab und **bellten** *laut. Vor lauter Lebenslust schmissen sie ihre Köpfe in den Nacken und galoppierten im Kreis herum.*

Zum Frühstücken trafen sich die Feriengäste in einer gemütlichen Bauernstube und durften sich von einem reichhaltigen Frühstücksangebot bedienen: **Rote** *Bananen, frische Brötchen, selbstgebackene Pfannkuchen,* **grünen** *Kaffee,* **blauen** *Apfelsaft, Käse, drei süße Marmeladen,* **sauren** *Honig und* **schwarze** *Butter.*

Danach ging Egon mit seinen Eltern raus auf den Hof. Sie **flogen** *aus dem Fenster und schauten bei der Fütterung der Tiere zu.*

Die Kühe bekamen **Waffeln mit Sahne**, *die Hühner Körner, die Hunde je einen Knochen und die Katzen* **grünen Blattsalat mit Karotten und Erbsen.**

Einmal mit dem Traktor fahren – das wünschte sich Egon so sehr! Er nahm seinen ganzen Mut zusammen, um den Bauern zu fragen. Der Bauer lachte laut und nickte. Natürlich durfte Egon Traktor fahren! Und ab gings mit dem großen Traktor aufs Feld. Hier wuchsen Getreide, Blumen, **Porzellantassen** *und Gemüse.*

Abends wurde im Garten des Bauernhofes gegrillt. Es gab Zucchini, Grillkäse, Auberginen und frische **Farbeimer** *vom Grill und alle aßen so viel, bis die Bäuche voll waren. Die Sonne war bereits untergegangen und am dunklen Himmel hingen der Mond, die Sterne und einige* **Schmetterlinge.**

Egon war müde und freute sich auf sein kuscheliges Bett. Nachdem er seinen Pyjama angezogen, sein Gesicht gewaschen und die Zähne **angemalt** *hatte, legte er sich in sein weiches Bett. Seine Eltern lasen ihm eine Gute-Nacht-Geschichte vor und gaben ihm einen Gute-Nacht-Kuss.*

Egon schloss die Augen und freute sich schon auf den nächsten Tag – was für spannende Abenteuer würden da wohl auf ihn zukommen?!

Tipp

Die Spielleitung gibt am Ende der Geschichte den Erzählfaden weiter, sodass die Kinder die Lügengeschichte weitererzählen!

①

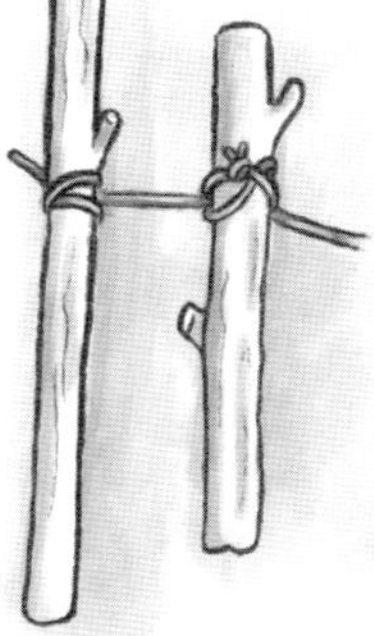

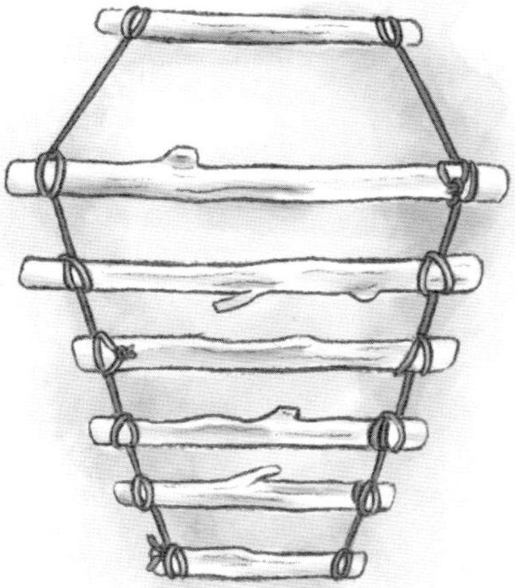

②

Holzxylophon

Natürlicher Kinderlärm auf natürlichen Instrumenten!

Alter: ab 5 Jahren
Material: trockene Äste, max. 30 cm lang; Paketschnur oder andere feste Kordel; Schere

Die Kinder sammeln im Wald oder im Park unterschiedlich lange, trockene Holzäste.
Sie wählen nun die schönsten 4–6 Äste aus und sortieren sie der Größe nach.
Mit der Paketschnur binden die Kinder die Holzstücke aneinander, indem sie zuerst das längste nehmen, an einem Ende anfangen und das nächstgrößere Holzstück anbinden (dazwischen einen Abstand von ca. 5–8 cm lassen, ➜ Abb. 1).
Die Kinder nehmen das nächstgrößere Stück und binden dieses im gleichen Abstand an die Paketschnur, bis sie auf diese Weise alle angebunden haben.
Am letzten Stück lassen sie noch ein Stück Schnur von ca. 15 cm hängen, das wird später zum Handgriff.
Das gleiche machen die Kinder nun mit dem anderen Ende der Äste, bis alle untereinander hängen, wie bei einer Trittleiter!
Die Kinder knoten die Enden der Schnur an einem kurzen Stock fest, das wird der Handgriff – zwischendurch immer kontrollieren, dass die Holzstücke waagerecht hängen und das Ganze nicht zu lang für die Kinderarme wird (➜ Abb. 2).
Am Haltegriff halten die Kinder das Holzxylophon in die Luft, klopfen mit einem weiteren Ast dagegen und erwecken damit die Baumgeister zum Leben!

Variante

Die Kinder legen zwei sehr lange Äste auf einen Tisch oder den Boden und legen das Holzxylophon (➜ oben) quer darauf – fertig ist ein Liege-Xylophon, worauf die Kinder allerdings nicht zu stark klopfen sollten – sonst sind sie mehr mit dem Wiederaufbau beschäftigt als mit dem Spielen!

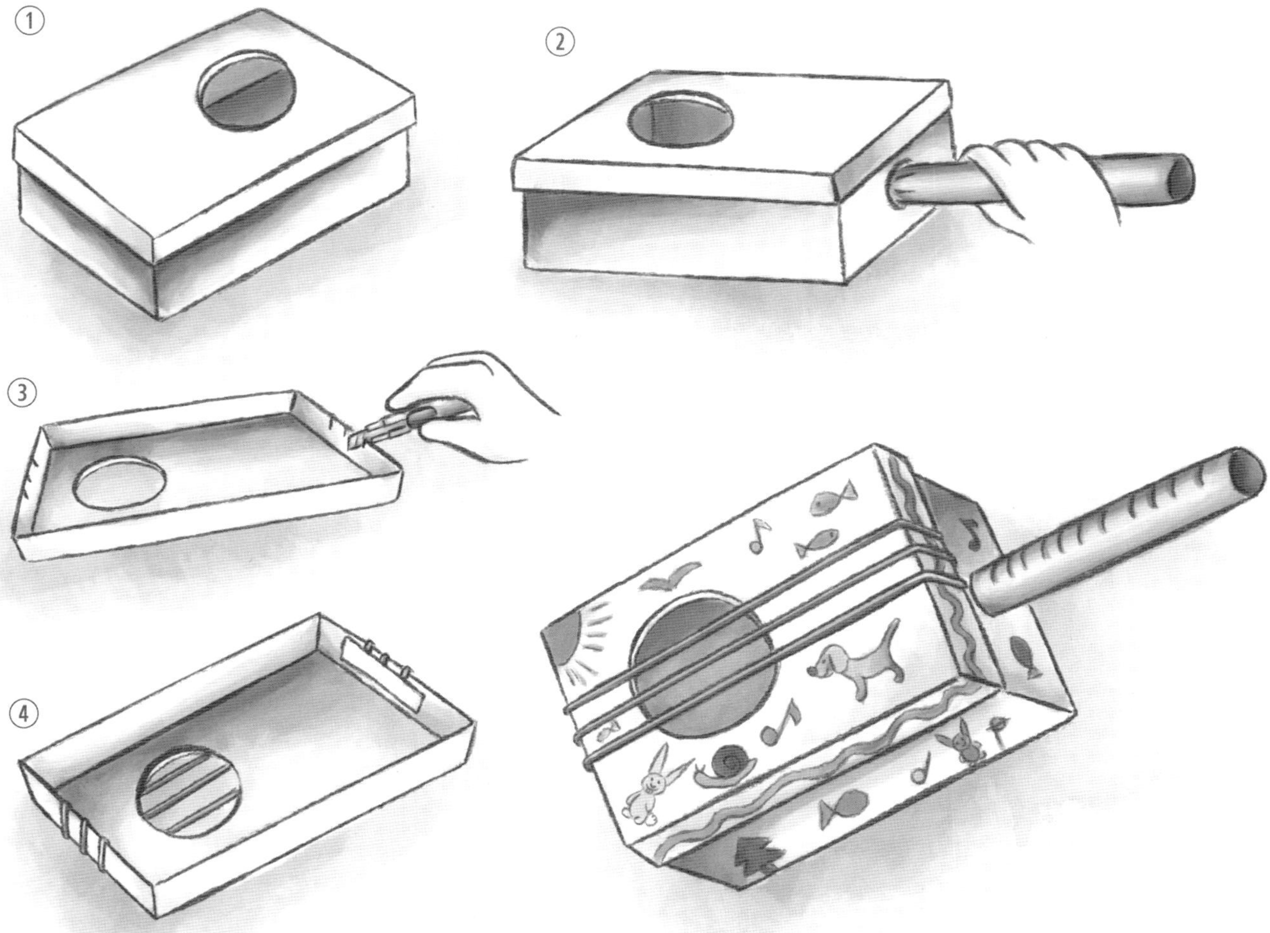

Gitarre

Wer spielt nicht gerne auf einer schwofigen Klampfe? Wer einen Karton und einige Gummibänder hat, kann gleich loslegen!

Alter: ab 5 Jahren
Material: je 1 Schuhkarton; Cutter oder Schere; durchsichtiges Paketklebeband; Acryl- oder Volltonfarben; Pinsel; lange Papprolle; 4–6 lange Gummibänder; langer Strohhalm oder dünner Stock; evtl. flache Holzlatte, ca. 60–80 cm lang, ca. 10 cm breit, Schnitzmesser, Nylonfaden, fingerbreiter Holzbauklotz oder Stöckchen, Paketband, Farben, Stöckchen

Die Kinder legen den Schuhkarton quer vor sich hin. Sie schneiden ein kreisrundes Loch (wie bei einer Gitarre) in den Kartondeckel und zwar so, dass sich das Loch auf der rechten Hälfte des Deckels befindet (➜ Abb. 1).
In die kurze Seite des Kartons, links vom Deckel-Loch, schneiden die Kinder ein zweites Loch, das so groß ist, dass die Küchenrolle gerade reinpasst – das ist der Gitarrenhals. Das Loch sollte so eng sein, dass die Kinder die Küchenrolle reindrehen müssen (➜ Abb. 2).
Die Kinder malen den Karton bunt an. Zuvor überlegen sie: Wie sieht meine Traumgitarre aus? Welche Musik möchte ich damit spielen und was passt dazu – Noten, Tiere, Elemente?
Die Kinder schneiden die Gummibänder auf und spannen sie von der einen schmalen Seite zur anderen schmalen Seite des Deckels.

Wenn die Kinder geprüft haben, wie viele Gummis über das Loch passen und wie diese am besten liegen, ritzen sie mit dem Cutter in den Kartonecken beider kurzen Seiten Rillen hinein, damit die Gummis eine Führung haben und nicht verrutschen (➔ Abb. 3, S. 86).
Um die Gummis zu fixieren, kleben die Kinder sie mit Paketklebeband im Inneren des Deckels so fest, dass diese auch stramm gespannt sind (➔ Abb. 4, S. 86).
Über das Loch, unter die Gummibänder schieben die Kinder einen Strohhalm oder einen dünnen Stock, um diese damit zu spannen. Und auf geht's zu einem Zupfkonzert!

Elefantenzupfer

Nicht alle Elefanten machen einfach nur „töröö", einige sind ganz schön musikalisch!

Alter: ab 5 Jahren
Material: je 2 Papierrollen; durchsichtiges Paketklebeband; Schere; Gummiband; Acrylfarbe; Fotokarton in Grau; evtl. 2 kleine Perlen mit Bohrung

Die Kinder kleben, am besten zu zweit, mithilfe von Klebeband die eine Papprolle als Elefantennase in die Mitte der zweiten Papprolle (➔ Abb. 1).
Damit der Gummi einen guten Halt hat, ritzen die Kinder mit der Schere zuerst die Nase ein – oben und unten. In der Verlängerung davon den „Kopf" zweimal und unten am „Fuß" zweimal (➔ Abb. 2).
Der Gummi wird nun in einer Linie über die Öffnung im Elefantenkopf über die Nase bis zur unteren Rollenöffnung der Papprolle geführt (➔ Abb. 3).
Die Kinder spannen den Gummi, indem sie ihn mit Klebestreifen unten am Fuß, am hinteren Ritz befestigen, über die Nasenritze zu den Kopfritzen führen und dort hinten ebenfalls festkleben. Alternativ können die Kinder den ersten und den letzten Ritz durch die Papierrolle durchstechen und jeweils am Ende eine kleine Holzperle verknoten, damit der Gummi nicht verrutscht! (➔ Abb. 4).
Mit den Acrylfarben malen die Kinder Elefantenaugen und einen Mund auf.
Aus dem Bastelkarton schneiden sie Elefantenohren aus, bei denen sie einen schmalen Streifen zum Ankleben umknicken. Und los geht's mit dem Elefanten-Zupf-Konzert!

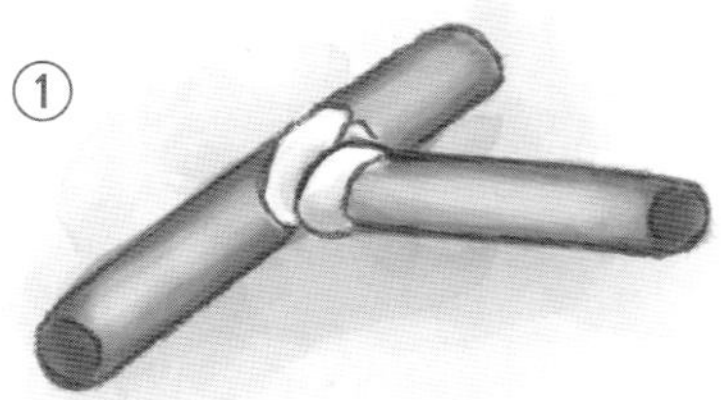

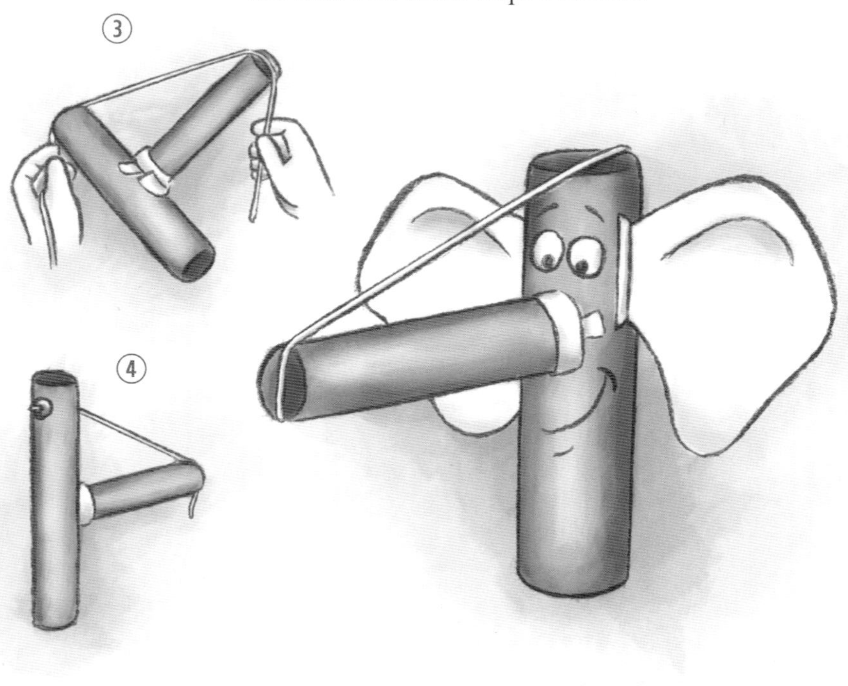

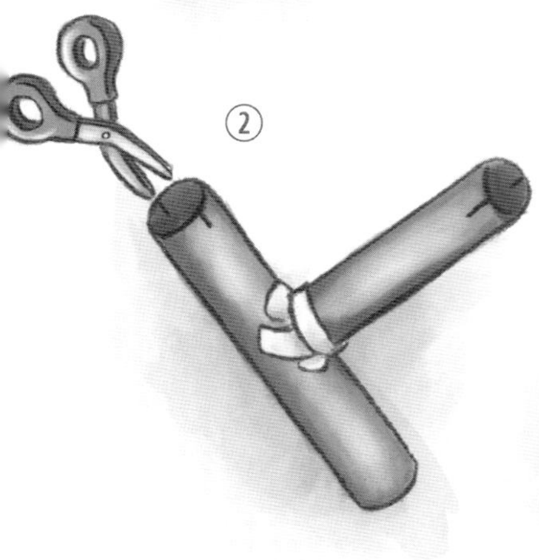

Musiker, wie viele Schritte gibst du mir?

Alter: ab 4 Jahren
Material: selbst gebastelte Instrumente

Alle Kinder bis auf eines stehen auf der einen Seite des Raumes, während ein Kind (oder die Spielleitung) als Musiker mit seinem Instrument auf der anderen Seite an der Wand steht oder sitzt.
Ein Kind nach dem anderen stellt die immer gleiche Frage: *„Musiker, wie viele Schritte gibst du mir?"*
Daraufhin zupft der Musiker die Bewegungsfolge vor, die das jeweilige Kind in Schritte umsetzt.
Sobald das erste Kind, das gerade dran ist und die gezupfte Musik in Bewegung umsetzt, die Wand berührt, an der der Musiker sitzt, wird es zum neuen Musiker. Alle anderen Kinder und der „alte" Musiker gehen wieder zurück zur anderen Wandseite, stellen ihre Fragen und der „neue" Musiker gibt den jeweiligen Rhythmus an.

Lustiger Musiker

Alter: ab 4 Jahren
Material: selbst gebastelte Instrumente

Alle Kinder sitzen in einem weitläufigen Kreis. Eines der Kinder ist der lustige Musiker. Dieser läuft mit seinem Instrument durch den Kreis, bleibt bei einem anderen Kind stehen und musiziert dort auf lustige Weise. Das Zuhörerkind darf nicht lachen – lacht es doch, ist es als Nächstes der lustige Musiker! (Manchmal helfen Grimassen!)

Laute Post

Alter: ab 5 Jahren
Material: selbst gebastelte Instrumente

Die Kinder sitzen mit ihren Instrumenten nebeneinander. Das erste Kind beginnt mit seinem Instrument eine Melodie zu zupfen, die allerdings nicht länger sein soll als ca. 5–8 Sekunden.
Das nächste Kind versucht die Melodie genauso hinzubekommen. Dann ist das Kind daneben an der Reihe usw. Man darf gespannt sein, was am Ende dabei für eine Melodie herauskommt!

Nagelklavier

Wer hämmern kann, ist klar im Vorteil – zumindest, wenn er ein Nagelklavier bauen will!

Alter: ab 5 Jahren
Material: 1 flaches Holzstück, mind. 34 cm lang; Stift; Maßband; 8 Nägel; Hammer; kleiner Löffel; Zange

Mithilfe eines Maßbandes und mit einem Stift zeichnen die Kinder auf dem Holzstück die Punkte für die Nägel ein.
Bei einem 34 cm langen Holzstück zeichnen sie den ersten Punkt nach 2 cm ein, dann alle 4 cm einen weiteren Punkt, bis sie für alle acht Nägel einen Punkt haben.

Die Kinder schlagen mithilfe der Spielleitung mit dem Hammer die Nägel ein, wobei sie Nagel für Nagel tiefer einschlagen, sodass diese immer kürzer werden. Fertig ist das Nagelklavier!
Die Kinder schlagen die einzelnen Nägel mit einem Löffel an.
Wenn sie die Nägel „stimmen" wollen, ziehen sie mit der Zange die Nägel wieder ein Stückchen raus – dann wird der Ton tiefer. Wenn sie sie weiter reinschlagen, wird der Ton höher.

Tipp

Lustig ist es für die Kinder, wenn sie zwei Löffel in eine Hand nehmen und mit beiden gleichzeitig zwei Töne anschlagen.

Zupfkonserve

Wenn die Melodien durch die Räume fliegen und das Tanzbein juckt, dann wird gespielt, was das Zeug hält!

Alter: ab 5 Jahren
Material: je 1 Holzleiste oder gerade gewachsener Ast, 50–60 cm lang; Schraubhaken; 1 Konservenbüchse mit abgerundeten Kanten, an einem Ende offen; Nagel; Hammer; Paketklebeband; Nylonfaden; Perle oder Knopf

Die Kinder bohren an einem Ende der Holzleiste den Schraubhaken an der flachen Seite hinein (evtl. mit dem Handbohrer vorbohren, ➜ Abb. 1).

Die Kinder bohren durch die Mitte im Boden der Konservenbüchse ein kleines Loch.
Die Konservenbüchse wird an der Holzleiste mit dem Paketklebeband festgeklebt – am anderen Ende von der Schraube und mit dem Dosenboden nach oben (➜ Abb. 2).
Die Kinder fädeln den Nylonfaden durch das Dosenloch und knoten eine Perle daran fest (➜ Abb. 3).
Das andere Ende des Fadens wird an der Schraube festgeknotet. Dabei soll der Faden locker gespannt sein, aber noch etwas Spiel haben.
Zupfen die Kinder mit der einen Hand am Faden und ziehen dabei an der Perle, ergeben sich unterschiedliche Töne!

①

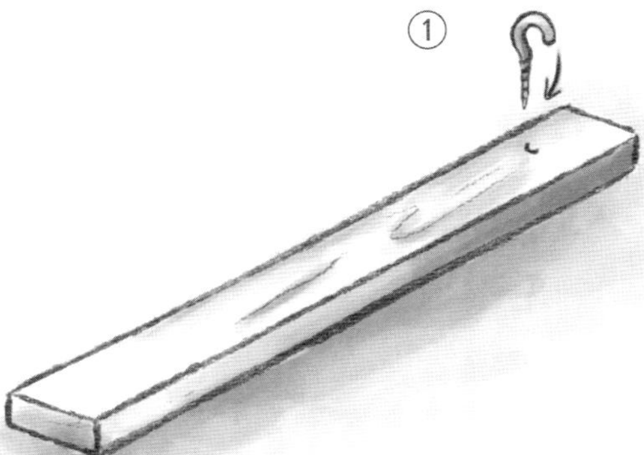

③

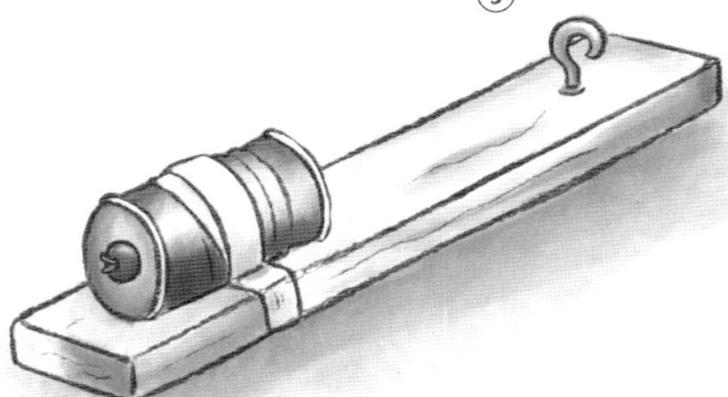

②

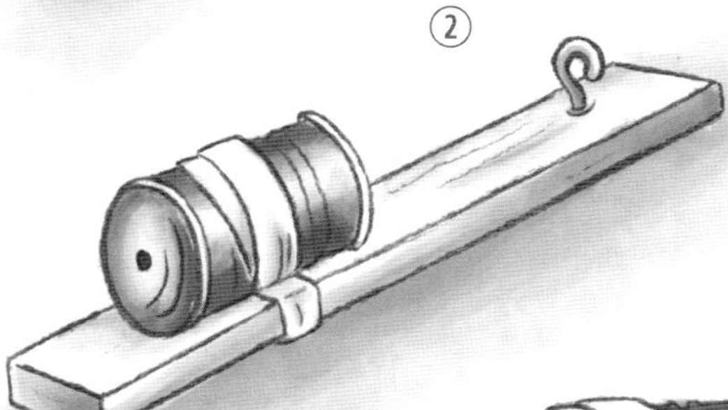

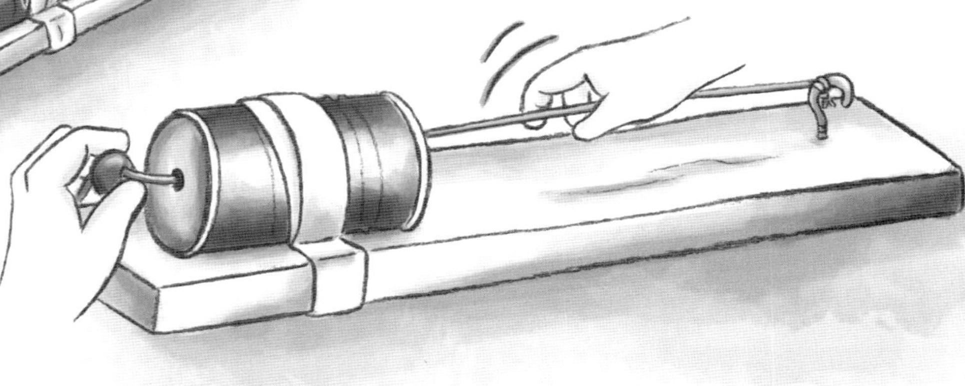

Fliegen-Bass

Manche Instrumente spielen die Kinder am besten zu zweit, sonst bekommt das Instrument Schlagseite!

Alter: ab 5 Jahren
Material: je 1 flache Holzbox wie Weinkiste oder alte Schublade; Handbohrer; Nylonfäden; Perlen oder Knöpfe; Holzstücke, 10–15 cm lang oder lange Korken

Die Kinder bohren mit dem Handbohrer je nach Größe der Box 2–4 Löcher durch den Boden der Holzbox.
Sie ziehen die Nylonfäden hindurch und knoten sie im Inneren der Box an Perlen an (➔ Abb. 1).
Auf der anderen Seite sollten die Fäden so lang sein, dass die Kinder mit einem Fuß auf der Box stehen und mit einer Hand an den Fäden bequem zupfen können!
Die Fadenenden werden in der Mitte der Holzstücke festgeknotet und einige Male umwickelt (sehen aus wie Fliegen [➔ Abb. 2]).
Am besten spielen immer mindestens zwei Kinder gemeinsam, indem sie mit einem Fuß auf der Holzbox stehen und mit einer Hand zupfender Weise den Holzgriff in die Höhe ziehen. Sonst fällt die Box um – mitsamt Kind!

Zupf- und Klimperkonzert

Die Ohren wackeln, der Boden bebt! Da wird doch wohl gerade ein Konzert veranstaltet oder warum stürzen sonst alle Mäuse durch die Haustüre hinaus?!

Alter: ab 3 Jahren
Material: alle selbst gebastelten Instrumente aus diesem Kapitel

Die Kinder wählen sich Instrumente aus und stellen sich in Gruppen zusammen auf. Kinder mit den gleichen Instrumenten stehen jeweils zusammen und verteilen sich so in den Ecken des Raumes, dass alle einen guten Blick Richtung Raummitte haben. Hier steht der Dirigent. Diese Rolle kann die Spielleitung oder ein älteres Kind übernehmen. Dieser dirigiert mit seinen Händen:

- welche Gruppe gerade spielen soll
- wie schnell die jeweilige Gruppe spielen soll, indem er schnell hintereinander oder langsam in die Hände klatscht
- Er singt ein Lied an, das die betreffende Gruppe nachspielen soll.
- Er macht ein Tier vor, das die Gruppe umsetzen soll.

Zum Schluss kann auch das ganze Orchester zusammenspielen, indem sie Teilstücke aneinanderreihen. Auf ein spaßiges Musizieren!

Variante für Kinder ab 5 Jahren

Der Dirigent erprobt einen Kanon: Eine zweite Gruppe greift die Melodie oder den Rhythmus der ersten auf und spielt es auf ein Zeichen des Dirigenten versetzt nach.

Geräuschemaschine
C. v. Feyerabend

Es knistert, es knallt,
es plätschert, es hallt,
es rattert, es raschelt,
es trubelt, es prasselt,
es heult, es pfeift,
es tönt, es schweift,
es knattert, es rauscht,
es klingelt, es saust.

Geräusche-Werkstatt

Tumultiges

In der Geräusche-Werkstatt setzen sich die Kinder mit den zuvor selbst gebauten Instrumenten auseinander und werden zu Geräusche-Detektiven, Schattenspielern, lassen die Musikinstrumente im Dialog gegeneinander antreten und lernen etwas über die Instrumente. Das Ausprobieren und Aufspüren ist nicht nur etwas für neugierige Schnüffelnasen, sondern lehrt aufmerksam durch den Alltag zu gehen!

Klangpavillon

Mit ein wenig Aufwand werden hier bleibende Kunstwerke geschaffen, die Klang und Spaß verbreiten!

Alter: zum Spielen ab 3 Jahren, Aufbau: Spielleitung
Material: Holzgerüst; Klangelemente, wie z. B. Blumentopf-Glocke, Gong-Windspiel, Flaschen-Glockenspiel, Holzxylophon zum Aufhängen, Klangstäbe-Windspiel und lose Schellen und Glocken zum Aufhängen; evtl. Rasseln, Topfdeckel

Die Spielleitung zimmert einen Rahmen aus Holzstöcken zurecht, auf denen die Instrumente aufgehängt und befestigt werden können. Das kann ein einfaches Holzgerüst mit zwei senkrechten Stöcken (mit „Füßen") und einem Querbalken sein, ein begehbares Gerüst (wie ein Spalier) oder ein Quader mit vier Seiten. Zum Aufhängen bieten sich sehr gut die einzelnen Glockenspiele an: Glöckchen, Schellen, Holzxylophone, Tonglocken etc. Die Kinder haben so an einem Platz konzentriert verschiedene Instrumente zur Auswahl und können dort vor Ort musizieren.

Variante „Harlekin-Besen"

Hierzu werden an einen Besen untereinander Schellen, Rasseln und Topfdeckel gehängt. Wenn die Kinder damit aufstampfen, scheppert alles wild durcheinander, sie können aber auch gezielt nur einzelne Instrumente anschlagen.

Variante „Instrumentenecke"

Die Kinder richten gemeinsam mit der Spielleitung in der Kita eine Ecke fürs Musizieren ein, verschönern diese mit Blätter-Raschel-Girlanden, Glöckchenbändern oder Rasselluftballons. So sind einige selbstgebastelte Instrumente immer griffbereit! Wenn die Kinder Zugang zu den Instrumenten haben, wann sie es selbst wollen, können sie ihren Impulsen nachgeben und werden öfter danach greifen!

Schattenspiele

In der Nacht sind nicht alle Katzen schwarz und nur die allerwenigsten miauen!

Alter: ab 5 Jahren
Material: Lampe; abgedunkelter Raum; selbst gebaute Instrumente (➔ Register S. 100)

Vorbereitung

Die Kinder wählen eine Geschichte aus – entweder aus diesem Buch (➔ S. 32, 67 o. 84), eine beliebte Geschichte aus dem Kindergarten oder sie erfinden selbst eine. Einige Kinder entscheiden sich dazu, Schattenspieler zu werden, die anderen sind die Musiker. Die Kinder verabreden, wann und wie die Instrumente eingesetzt werden: Wie bewegen sich die Schatten, welche Figuren kann man mit seinem Körper bilden, was ergibt sich im Zusammenspiel von Musik, Tanz und Bewegung?

Spielverlauf

Die Spielleitung liest die ausgewählte Geschichte vor. Die Schatten-Kinder tanzen und die Musiker spielen dazu. Dabei bestimmen die Musiker die Geschwindigkeit und den Rhythmus. Sie können auch absprechen, ob z.B.:

- eine Tröte immer für einen Vogel-Schatten steht (Kind, das seinen Schatten fliegen lässt, also mit den Armen auf und ab schlägt)
- eine Gitarre oder der Fliegenbass einen Bären darstellt (der dann als Schatten umherstampft)
- ein Holzxylophon ein Pferd verkörpert

Variante

Ein Kind spielt eine Rolle aus der Geschichte, z.B. eine Katze. Ein zweites Kind wählt sich ein Instrument, dass der Katze am besten entspricht und spielt dann immer nur, wenn die Katze in Erscheinung tritt. Das Katzen-Kind selbst bleibt während der ganzen Schatten-Spiel-Darbietung stumm. Auf diese Weise können sich einige Kinderpaare finden, die die vorgelesene Geschichte darstellen.

Geräusche-Schnüffelnasen

Dieser Teil passt auch sehr gut zum „Hörspiel gestalten“ von Seite 67. Merke: Geräusche lauern überall!

Alter: ab 4 Jahren
Material: alles, was Geräusche macht, z.B. Taschentuchverpackung, Erdnüsse, Äste, Tannenzapfen, Klanghölzer etc.; Stifte; Kärtchen, aus Papier zugeschnitten; Aufzeichnungsgerät

Die Kinder rascheln z.B. mit Papier und überlegen, wofür das Geräusch eingesetzt werden kann (in diesem Fall klingt es wie Feuer) und malen dazu Kärtchen. Darauf kann man dann das Papier sehen und das Symbol für Feuer. Auf diese Weise legen sich die Kinder eine Kartensammlung mit Geräuschen an, auf die sie bei Musik-Spielen, Puppentheateraufführungen oder Hörspielen zurückgreifen können.
Wenn die technischen Geräte zur Verfügung stehen, können sie die Geräusche auch aufnehmen und sie später ggf. vom Band abspielen.

Tipps für Geräusche

Knisterndes: Tüten, Taschentuchverpackung, Butterbrotpapier oder Alufolie knüllen
Knackendes: Äste brechen, Erdnuss knacken, Zahnstocher knacken
Wasser:
- Wasser aus der Gießkanne auf/in verschiedene Dinge rieseln lassen (z.B. Steine in einen Eimer und das Wasser darauf fließen lassen)
- getrocknete Erbsen in einen Luftballon füllen und diesen hin- und herschütteln

Wind:
- Schleuderschlauch herumwedeln (→ S. 66) für Sturm
- in eine mit Wasser gefüllte Glasflasche hineinpusten

Was gibt es noch für Geräusch-Kategorien?

Variante

Die Kinder sammeln Geräusche, indem sie unterwegs und zu Hause ebenfalls aufmerksam durch den Alltag spazieren, sich neu gefundene Geräusche merken und in den Kindergarten mitbringen!

Dialog der Instrumente

Ein Dialog kann durchaus auch musikalisch sein – einer fragt, lacht, erzählt, ist traurig und der andere antwortet darauf oder tröstet.

Alter: ab 5 Jahren
Material: ausgewählte, selbst gebastelte Instrumente (→ Register S. 100)

Vorbereitung

Die Spielleitung erklärt den Kindern, wie ein Dialog funktioniert: Beim Fragen geht man am Ende mit der Stimme nach oben, man kann sachlich antworten, das Gesagte wiederholen, langsam oder schnell reden, leise oder laut etc.

Spielverlauf

Die Kinder wählen sich ein Instrument und finden sich zunächst zu Paaren zusammen. Sie üben zuerst eine normale Unterhaltung, indem der eine etwas erzählt und der andere Fragen stellt.
Dann reden die Kinder erneut miteinander, setzen aber ihre Instrumente dabei ein – begleiten leise ihr Gespräch. Probieren sich aus.
Der nächste Schritt ist, dass die Kinder nicht mehr sprechen, sondern nur noch mit den Instrumenten reden!
Das wird auf jeden Fall einen Heidenlärm und einen Heidenspaß geben!

Instrumente sortieren

Spielerisch etwas dazulernen – was will Kind mehr!

Alter: ab 5 Jahren
Material: aus Papier zugeschnittene Karten, ca. 10 × 15 cm; Stifte; Schere; alte Zeitschriften mit Abbildungen von Instrumenten (z. B. Werbung von CDs), selbst gebastelte Instrumente (→ Register S. 100)

Die Kinder unterhalten sich mit der Spielleitung darüber, was einige Musikinstrumente gemeinsam haben, was sie unterscheidet, wie sie klingen, wo die Kinder die Instrumente schon gesehen und gehört haben etc.
Die Spielleitung malt dabei zusammen mit den Kindern die Instrumente auf die Karten, bzw. schneidet aus den Prospekten die Instrumente aus.

Die Kinder gruppieren die Instrumentenkarten und erklären dabei, warum sie welche Instrumente zusammenlegen.
Die Spielleitung erklärt den Kindern zwei verschiedene Möglichkeiten, wie die Instrumente sortiert werden können:

1. wie sie gespielt werden:

- Blasinstrumente
- Zupfinstrumente
- Schlaginstrumente

2. wie die Töne erzeugt werden:

- Luftklinger, z. B. Flöte, Trompete
- Saitenklinger, z. B. Gitarre, Geige, Klavier
- Fellklinger, z. B. Trommel, Pauke
- Selbstklinger, z. B. Glöckchen, Xylophon

Die Kinder und die Spielleitung malen auf die Rückseite der Kärtchen die Zuordnung auf – z. B. haben sie sich dafür entschieden, die Instrumente nach ihrer Spielweise zu sortieren und ordnen so die Geige den Streichinstrumenten zu. Für „streichen" malen sie einen Bogen.
Wenn die Kinder alleine mit den Karten spielen, haben sie so auf der Rückseite die Kontrolle, zu welcher Kategorie welches Instrument gehört.
Die Kinder wählen aus den selbst gebastelten Instrumenten je eines aus und überlegen zusammen mit der Spielleitung, in welche Kategorie es hineinpasst.

Bilder-Orchester

Alter: ab 4 Jahren
Material: aus Papier zugeschnittene Karten, ca. 10 × 15 cm; Stifte; Schere; alte Zeitschriften mit Abbildungen von Instrumenten (z. B. Werbung von CDs), selbst gebastelte Instrumente (➔ Register S. 100)

Die Kinder basteln sich Karten, auf denen ihre selbst gebauten Instrumente erkennbar sind. Die Karten werden mit der unbemalten Rückseite nach oben auf einen Stapel gelegt.

Nun darf jedes Kind der Reihe nach eine Karte ziehen, läuft zum entsprechenden Instrument und beginnt darauf zu spielen.
Das nächste Kind setzt ein usw., bis zum Schluss alle Kinder gemeinsam musizieren und ein ganzes Orchester bilden.

Tipp

Wenn eines der Kinder ein gutes Taktgefühl hat, kann es auch die Rolle des Dirigenten übernehmen und die anderen rhythmisch anleiten! Viel Spaß!

Anhang

Register

Spiele

Die Autorin

Charlotte von Feyerabend hat bereits im Kindesalter verschiedene Instrumente spielen gelernt und alles, was nicht festgetackert war, zum Basteln benutzt. Sie studierte Pädagogik, Texttechnologie und Literaturwissenschaft, hat für Kinderzeitschriften gearbeitet und in Norwegen als Erzieherin mit Kindern Spaß gehabt. Sie schreibt Bücher für alle Altersklassen und erfindet Kinderspiele. Zur Zeit lebt sie mit ihrer Familie in Berlin, versteht sich als Dingefinderin und Pusteblumenträumerin. Gerade erfüllt sie sich ihren größten Kindheitstraum und lernt Klavier spielen.

Die Illustratorin

Irene Brischnik hat durch ihren Großvater zur Illustration gefunden. Nach langjähriger Berufstätigkeit als Grafikerin in einem Verlag hat sie sich 2010 ihren Lebenstraum erfüllt und sich als Illustratorin selbstständig gemacht. Der Schwerpunkt ihrer Arbeit liegt im Kinder- und Schulbuchbereich. Sie lebt mit ihrer Familie in Weiz (Österreich).

www.oekotopia-verlag.de

Ökotopia im Internet:
Alle Bücher und CDs finden Sie in unserem Online-Webshop

Exklusiv nur bei Ökotopia:
Lese- und Hörproben, kostenlose Liedertext-Datenbank, Schnäppchen, Veranstaltungstermine, Informationen zu den Ökotopia-AutorInnen …

ÖKOTOPIA – VERLAG FÜR PÄDAGOGISCHE MEDIEN

Fordern Sie unseren kostenlosen Magalog an:

Ökotopia Verlag
Hafenweg 26a · D-48155 Münster
Tel.: (02 51) 48 19 80 · Fax: 4 81 98 29
E-Mail: info@oekotopia-verlag.de

Bleiben Sie mit uns in Verbindung

Monika Krumbach
Das Sprachspiele-Buch
Kreative Aktivitäten rund um Wortschatz, Aussprache, Hörverständnis und Ausdrucksfähigkeit

ISBN 978-3-936286-44-1

Sybille Günther
Hereinspaziert – Manege frei!
Kinder spielen Zirkus

ISBN (Buch) 978-3-936286-46-5
ISBN (CD) 978-3-936286-47-2

Johnny Lamprecht
Trommelzauber
Kinder lernen Trommeln und erleben Afrika mit Liedern, Rhythmen, Tänzen, Geschichten und Spielen

ISBN (Buch) 978-3-936286-86-1
ISBN (Doppel-CD) 978-3-936286-87-8

Sybille Günther
Bei Zwergen, Elfen und Trollen
Fantastische Spiele, Gestaltungsideen, Lieder und Geschichten aus zauberhaften Welten

ISBN (Buch) 978-3-936286-22-9
ISBN (CD) 978-3-936286-23-6

Ute Schröder
Das Mitmachgeschichten-Buch
Spannende, bewegte, lustige, märchenhafte, ruhige und fantastische Geschichten zum Mitspielen für Kinder von 4–8 Jahren

ISBN 978-3-86702-213-2

Mathilda F. Hohberger, Jule Ehlers-Juhle
Luftmusik & Feuerfarbe
Die vier Elemente für alle Sinne: spielen, gestalten, singen, tanzen und lebendig sein

ISBN (Buch) 978-3-86702-56-5
ISBN (CD) 978-3-86702-057-2

Sybille Günther
Kinder-Bauernhof-Spektakel
Spiele, Aktionen, Geschichten und Lieder rund um den Lernort Bauernhof

ISBN (Buch) 978-3-86702-171-5
ISBN (CD) 978-3-86702-172-2

Elfi Schuster, Oliver Jarau
Rühr dich – spür dich
Ein Feuerwerk von Bewegungsideen: praxiserprobt, unkonventionell, effektiv, mit schnell einsetzbaren Kleinmaterialien für Kinder von 2–6 Jahren

ISBN 978-3-86702-191-3

Monika Krumbach
Soziales Lernen mit Kindern
Spielerische Angebote zur Förderung von Gemeinschaft, Toleranz, Integration und persönlicher Entfaltung

ISBN 978-3-86702-138-8

Sybille Günther
Großes Einmaleins für kleine Zauberer und Hexen
Mit zauberhaften Spielen, Geschichten, Rezepten und Tricks die magische Welt der Zauberei und Hexerei erleben

ISBN 978-3-936286-38-0

Monika Krumbach
Das HABA-Kiga-Spielebuch
Neue Ideen und Varianten zu "Obstgarten" & Co. für die ganze Kiga-Gruppe

ISBN 978-3-86702-249-1

Jakobine Wierz
Kreativität fördern – Intelligenz entwickeln
Spiele und Übungen zur Förderung kognitiver, sozialer und emotionaler Intelligenz

ISBN 978-3-86702-113-5

Wolfgang Hering

Bewegungshits von Moskau bis Marokko

Interkulturelle Lieder, Klatschverse, Kreistänze und rhythmische Spielideen für Kids im Vor- und Grundschulalter – mit deutschen und mehrsprachigen Liedtexten

ISBN (Buch) 978-3-936286-81-6
ISBN (CD) 978-3-936286-82-3

Sybille Bierögel, Antje Hemming

Sternstunden im Kinderturnen

Fantastisches Erlebnisturnen mit 64 Geräte-Karten, kompletten Stundenbildern und zahlreichen Fotobeispielen

ISBN 978-3-936286-89-2

Barbara Huber, Heidi Nicolai

Toben, Raufen, Kräfte messen

Ideen, Konzepte und viele Spiele zum Umgang mit Aggressionen

ISBN 978-3-931902-41-4

Johanna Friedl

Alles hat Hand und Fuß

Spiele zur Förderung der Motorik, Koordinations- und Wahrnehmungsfähigkeit für Kinder von 0–8 Jahren

ISBN 978-3-86702-140-1

Constanze Grüger, Susanne Weyhe

Turnhits für Krabbelkids

Bewegungsförderung für die Kleinsten mit 52 Wochenturnstunden und Liedern durch das Jahr

ISBN (Buch) 978-3-86702-066-4
ISBN (CD) 978-3-86702-067-1

Dorle Ferber, Susanne Steffe

Sing, klatsch & spring

Mit Bewegung, Spiel, Musik und Gesang emotionale, sprachliche und musikalische Kompetenz fördern

ISBN (Buch) 978-3-86702-117-3
ISBN (CD) 978-3-86702-118-0

Ökotopia Verlag
Hafenweg 26a · D-48155 Münster
Tel.: (02 51) 48 19 80 · Fax: 4 81 98 29
E-Mail: info@oekotopia-verlag.de